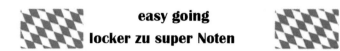

easy going
locker zu super Noten

Schulaufgaben
bayerischer Realschulen

Deutsch 8

D1717822

mit Lösungen

Schulaufgaben bayerischer Realschulen

Verfügbare Titel

☺ **Mathematik** für Klasse 5, 6, 7$_{II/III}$, 8$_{II/III}$, 9$_{II/III}$ und 10$_{II/III}$
☺ **Englisch** für Klasse 5, 6, 7, 8, 9 und 10
☺ **Deutsch** für Klasse 5, 6, 7 und 8

Schulaufgaben von bayerischen Gymnasien

Verfügbare Titel

☺ **Mathematik** für Klasse 5, 6, 7, 8, 9, 10, 11 und 12
☺ **Physik** für Klasse 8, 9 und 10
☺ **Chemie** für Klasse 8, 9 und 10
☺ **Englisch** für Klasse 5, 6, 7, 8, 9, 10 und 11/12
☺ **Französisch** für Klasse 6, 7, 8 und 9
☺ **Deutsch** für Klasse 5, 6, 7 und 8
☺ **Latein** für Lernjahr 1 und 2

Schulproben von bayerischen Grundschulen

Verfügbare Titel

☺ **Mathematik** für Klasse 3 und 4
☺ **Deutsch** für Klasse 3 und 4
☺ **Heimat- und Sachunterricht (HSU)** für Klasse 3 und 4

Vorwort

Liebe Schüler, liebe Eltern,

seit der Reform der Realschulen von vier auf sechs Jahre ist Deutsch praxisnäher und lebendiger geworden. Diese

Schulaufgaben von bayerischen Realschulen

Deutsch 8

zeigen, welche Aufgabentypen in Realschulen verlangt werden. Die Schulaufgaben basieren auf den Lehrwerken unserer Schüler. Sie berücksichtigen damit die Merkmale der diversen Lehrbücher in verschiedenen Realschulen. Aufgrund der großen Nachfrage veröffentlichen wir die (modifzierten) Schulaufgaben mit Lösungen unserer Schüler.

Original-Schulaufgaben von Nachhilfeschülern unseres *Durchblicker Lernstudio Arndt* bilden die Grundlage der Aufgaben in diesem Buch. Der Inhalt der Schulaufgaben entspricht genau den Vorgaben des Lehrplans für bayerische Realschulen.

Im vorliegenden Band befinden sich pro Schulaufgabe jeweils zwei Prüfungen. Diverse Aufsatzthemen sind: Zu einem Bild erzählen, einen argumentativen Artikel schreiben, Inhaltszusammenfassung, innerer Monolog, Textgebundener Aufsatz, Tagebucheintrag, in einem Leserbrief argumentieren, ein Gedicht erschließen. Die Reihenfolge der Aufsatzthemen kann vom Lehrer jederzeit ausgetauscht werden. Manche Lehrer lassen Deutschaufsätze üben, indem sie die Schüler benotete Probeaufsätze schreiben lassen. Außerdem gibt es zwei Grammatiktests.

Die hier gestellten Schulaufgaben mit Lösungen entsprechen dem Niveau aus Realschulen in Bayern und basieren auf tatsächlich gestellten Aufgaben. Sie beinhalten den gesamten Lernstoff der 8. Klasse. Wer diese Schulaufgaben konsequent durcharbeitet, dem sind bessere Noten sicher. Durch Übung kommt jeder Schüler zum Erfolg.

Versuche die Aufgaben selbständig zu lösen wie in einer richtigen Schulaufgabe. Wenn der Lehrer eine Schulaufgabe ankündigt, dann solltest du die entsprechenden Schulaufgaben machen. Vergleiche deine Lösungen mit den Lösungen der Schulaufgaben und korrigiere dich selbst. Wenn sich die Fehler häufen, dann musst du verstärkt im Schülerbuch oder in der Grammatik noch einmal die Kapitel, um die es geht, wiederholen.

Mein Ziel ist es, die Motivation und Kreativität aller Schüler beim Lösen von Schulaufgaben in Deutsch zu fördern. Dazu biete ich die **ausführliche Lösung** der Aufgabenstellung an.

Viel Spaß beim Lösen der Schulaufgaben

Deine und Ihre Deutschtrainerin Monika Arndt

Monika Arndt (Dipl.-Übersetzerin) veröffentlichte als Buchautorin Ernährungsbücher für Kinder in den Verlagen dtv und Ravensburger. **Das Baby-Kochbuch, Wie Kinder fit und gesund bleiben** und **Das Ravensburger Kochbuch für Kinder** mit Bildern von Ali Mitgutsch.

Zuvor hat Monika Arndt in verschiedenen Redaktionen gearbeitet, z.B. über zehn Jahre in der Redaktion des Schulfernsehheftes beim Bayerischen Schulfernsehen. Beim Stark-Verlag hat sie über Produktion und Inhalt von Lernhilfen Erfahrungen gesammelt, geeignete Lehrer gesucht und die Bücher als Lektorin redigiert.

Sie unterrichtet Deutsch, Englisch und Französisch im *Durchblicker Lernstudio Arndt*.

Titelbild: Heinrich Schmid, Überlingen am Ried / Singen am Hohentwiel
www.durchblicker.org

ISBN **978-3-946141-13-6**

Inhaltsverzeichnis

Schulaufgabe 1.1 Zu einem Bild erzählen „Sunlight in a cafeteria" von Edward Hopper

Schulaufgabe 1.2 Einen argumentativen Artikel schreiben: Brauchen Jugendliche wirklich ein Handy?

Schulaufgabe 2.1 Inhaltszusammenfassung anhand der Kurzgeschichte „Pash" von Marike Frick

Schulaufgabe 2.2 Innerer Monolog anhand der Kurzgeschichte „Zugvogel" von Eva M. Durstewitz-Marschall

Schulaufgabe 3.1 Textgebundener Aufsatz (TGA) zum Zeitungsartikel „Auf Siegeskurs" von Roman Deininger

Schulaufgabe 3.2 Gefühle und Gedanken erschließen – Tagebucheintrag anhand der Kurzgeschichte „Geschenkt" aus „Typisch! – Kleine Geschichten für andere Zeiten"

Schulaufgabe 4.1 In einem Leserbrief argumentieren anhand eines Zeitungsartikels „Bald nur noch E-Books" von Sebastian Konrad

Schulaufgabe 4.2 Ein Gedicht erschließen anhand des Gedichtes „Die Stadt" von Theodor Storm

Grammatiktest 1

Wortarten der unterstrichenen Wörter bestimmen

Aussagen in indirekte Rede setzen

Alle Partizipien unterstreichen und in Tabelle einsortieren

Menschen mit einem Relativsatz beschreiben

Text abschreiben in richtiger Groß- und Kleinschreibung

Sätze vervollständigen mit in Klammern angegebenen Zeitangaben, dabei auf richtige Groß- und Kleinschreibung achten

Grammatiktest 2

Satz durch Querstriche (/) in seine einzelnen Satzglieder unterteilen, anschließend umstellen ohne dass sich des Sinn des Satzes verändert

In gegebenem Text alle Attribute heraussuchen und genau bestimmen

Wortschnipsel in Wünsche umformulieren, dabei den Konjunktiv II nutzen

In gegebenem Text alle fehlenden Satzzeichen deutlich kennzeichnen

Sätze zusammensetzen durch pronominale Verknüpfungen und dabei die Wiederholung von Nomen vermeiden

Zahlen aus gegebenem Text ersetzen durch Zahlwörter, dabei auf richtige Groß- und Kleinschreibung achten

1. Schulaufgabe – Zu einem Bild erzählen

Name: _____

Arbeitsauftrag

1. Erzähle eine Geschichte zu dem Bild „sunlight in a cafeteria" von Edward Hopper. Versetze dich in die Lage einer der abgebildeten Personen oder erfinde eine Person, die nicht auf dem Bild zu sehen ist. Schreibe eine vollständige Erzählung.

Quelle: http://www.edwardhopper.net/sunlight-in-a-cafeteria.jsp

Beachte Folgendes …

- Eine klare und verständliche Sprache,
- eine korrekte Rechtschreibung und Zeichensetzung,
- eine saubere äußere Form!

Arbeitszeit: 60 Min.

Meinen Zeitzuschlag habe ich voll o , nicht o , teilweise o in Anspruch genommen.

**Viel Erfolg!**

Von 32 Punkten hast du ___ Punkte erreicht.

Note: ___

Lösung: 1. Schulaufgabe – Zu einem Bild erzählen

Unverhofft kommt oft...

Es war an einem Samstagnachmittag, vor etwa zwei Wochen. Ich saß wie so oft im Café Gordon. Es war ein schöner, sonniger Tag. Ich trug mein hellblaues Lieblingskleid und setzte mich an den Tisch am Fenster. Ich wollte die Sonne genießen. Wie immer bestellte ich einen Cappuccino. Der Kaffee roch köstlich – ich liebte diesen Geruch. Im Hintergrund spielten sie leise Musik, klassisch, denn an diesem Samstag war Petro für das Café verantwortlich. Er lächelte mir immer wieder vom Tresen zu. Nach einer Weile bemerkte ich am Tisch neben mir einen schick gekleideten Herrn. Ich hatte nicht bemerkt wie er ins Café gekommen war, aber meine Aufmerksamkeit wurde auf ihn gelenkt als er mit seiner sanften, tiefen Stimme nach der Karte fragte. Petro eilte zu seinem Tisch und reichte ihm die in Leder eingebundene Karte. Er warf einen Blick hinein und schaute dann zu Petro auf: "Was können Sie empfehlen?", fragte er. Petro fragte ihn, ob er Kaffee oder Tee wolle. Er wollte Kaffee. „Nehmen Sie den Cappuccino, der ist hier besonders köstlich – ich weiß das, bin öfter hier." Es war eigentlich nicht meine Art mich in die Bestellungen anderer Gäste einzumischen, aber irgendwie konnte ich meinen Mund in dem Moment nicht halten. Er bestellte tatsächlich einen Cappuccino und fragte mich, ob er sich nicht zu mir an den Tisch setzen könne. „So können wir uns Gesellschaft leisten. Oder erwarten Sie noch jemanden?" Nein. Ich erwartete niemanden und war ganz entzückt über diese Idee. Und so kam es, dass wir mehrere Stunden im Café saßen, uns über Gott und die Welt unterhielten, während neben uns viele andere Gäste ein und aus gingen. Seine Bekanntschaft war so unverhofft und gleichzeitig so angenehm. Wir bestellten zwei weitere Cappuccinos, aßen von der köstlichen Käsetorte, später ein Sandwich und schließlich, nach einigen Stunden, beschlossen wir noch einen gemeinsamen Spaziergang zu machen. Wir gingen zum Wasser um dort die Möwen zu beobachten. Ich fand ihn faszinierend. Als er mich am Abend spät vor meiner Haustüre verabschiedete, spürte ich ein warmes Gefühl in meiner Brust. Wir beschlossen uns wieder zu treffen. Zwei Wochen später, selber Ort, selbe Zeit. Übermorgen ist es soweit und ich bin sehr gespannt, ob er da sein wird.

Tipps und Hinweise

Betrachte zunächst das Bild genau. Welche Stimmung macht es auf dich? Beantworte einige Fragen wie: Wer ist darauf zu sehen? Wo spielt sich die Szene ab? Was ist zu sehen? Was tun die einzelnen Personen? Was sind Besonderheiten wie z.B. Farben, Gegenstände... Nachdem du einen ersten Eindruck hast, ist es einfacher dich in die Situation hineinzuversetzen.

Überlege dir genau, an welcher Stelle deine Erzählung anknüpft.

Du kannst verschiedene Erzählperspektiven wählen: **Ich-Erzähler, Er-/Sie-Erzähler.**

Beschränke dich auf **ein Ereignis!**

Beschreibe **Sinneseindrücke** der Personen: riechen, schmecken, hören, sehen, fühlen

---

Das muss ich wissen

Für eine gelungene **Erzählung** brauchst du:

– einen **roten Faden**, der sich von Anfang bis Ende durch die Erzählung zieht

– eine **lebhafte Sprache** mit schillernden Elementen (z.B. Metaphern, Frage- oder Ausrufesätze, Hinweise auf Gefühle, Mimik oder Gestik, anschauliche Verben und Adjektive...)

– eine **einheitliche Zeitform** (in der Regel Präteritum) die ggf. an besonderen Stellen wechselt (z.B. Rückblende)

– korrekte Zeichensetzung und Rechtschreibung

– einen sinnvollen Aufbau der eine logische Reihenfolge der Erzählschritte hat

1. Schulaufgabe – Einen argumentativen Artikel für die Schülerzeitung schreiben

Name: _____

Arbeitsauftrag

Brauchen Jugendliche wirklich ein eigenes Handy? Schreibe einen argumentativen Artikel für die Schülerzeitung, in welchem du sowohl auf die Vorteile als auch auf die Nachteile eines eigenen Handys eingehst.

Beachte Folgendes …

- Eine klare und verständliche Sprache,
- eine korrekte Rechtschreibung und Zeichensetzung,
- eine saubere äußere Form!

Arbeitszeit: 60 Min.

Meinen Zeitzuschlag habe ich voll o , nicht o , teilweise o in Anspruch genommen.

Viel Erfolg!

Von 32 Punkten hast du ____ Punkte erreicht.

Note: ____

Lösung: 1. Schulaufgabe – Einen argumentativen Artikel für die Schülerzeitung schreiben

Handys für alle oder alle gegen Handys?

Wer sich heutzutage bei Jugendlichen umschaut wird schnell bemerken, dass fast jeder ein eigenes Handy besitzt. Oftmals sieht man die jungen Erwachsenen tief über ihr Mobilgerät gebeugt sitzen und stellt sich die Frage: Brauchen Jugendliche wirklich ein eigenes Handy?

Von Erwachsenen wird häufig kritisiert, dass Jugendliche zu viel Zeit an ihren Handys verbringen. Sie nutzen eher eine App mit Chatfunktion um mit ihren Peers zu kommunizieren als sich im echten Leben zu verabreden. In einigen Fällen trifft dies sicherlich zu, denn es kann einfacher sein, schnell eine Text-Nachricht zu verschicken als mit dem Fahrrad durch die Stadt zu fahren, um sich zu treffen. Zu viel Handynutzung schadet also der sozialen Kompetenz von Jugendlichen, denn direkte Gespräche sind nicht wirklich nötig.

Andere argumentieren damit, dass junge Heranwachsende verlernen sich selbst zu beschäftigen. In jeder Situation, in der Langeweile aufkommen könnte, wird direkt zum Mobilgerät gegriffen. Sei es auf der Busfahrt in die Schule, im Wartezimmer beim Zahnarzt oder unerlaubt sogar in der Pause zwischen den Schulstunden: immerzu hängen alle an ihren Telefonen ab. Gründe hierfür sind sicherlich mit die zahlreichen Apps, Spiele, Messenger und Fähigkeiten, die moderne Handys mit sich bringen.

Viele Eltern sorgen sich auch darum, welche Informationen ihre Kinder über die Mobilgeräte preisgeben. In sozialen Netzwerken wie Facebook, Instagram oder Twitter werden zahlreiche Bilder mit allen geteilt und auch Standorte, Gedanken und ähnliches landen permanent im Netz. Einige Apps speichern zudem die Aufenthaltsdaten, wann und wie das Internet genutzt wird oder alle Nachrichten, die versandt werden. Da wir alle ja wissen, dass alles was einmal im Netz ist, für immer dort bleibt, sind die Bedenken der Eltern gut zu verstehen.

Dennoch ist es nicht so einfach das Handy nur zu verteufeln. Es hat neben seinen Risiken und Gefahren sicherlich auch viele positive Aspekte: zum einen ist es viel unkomplizierter als früher Verabredungen zu treffen. Man kann auch direkt in einer Gruppe kommunizieren, so dass alle die Nachrichten lesen können und lange Telefonketten so z.B. vermieden werden.

Außerdem ist das Mobiltelefon sinnvoll, wenn Jugendliche ihren Eltern oder anderen Menschen mitteilen müssen, dass sie z.B. verspätet nach Hause kommen, eine Verabredung verschieben müssen oder sogar in Gefahr sind. Durch die kompakte Form des Handys ist es möglich dieses immer bei sich zu haben, was gerade auch abends und in Dunkelheit ein Gefühl von Sicherheit geben kann. Im Notfall kann man damit jemanden anrufen, Polizei und Feuerwehr sowieso, selbst ohne Guthaben.

Sicherlich gibt es viele sinnlose oder fragwürdige Apps, die man sich auf dem Handy installieren kann, doch auch gute Lern-Apps, Finanz-Apps oder Kalender sind für die mobilen Geräte erhältlich. Diese können Jugendliche nutzen, um sich selbst besser zu organisieren oder die Zeit am Gerät zumindest sinnvoll zu nutzen. Eine Spiele-App bei der man z.B. ganz nebenbei die Länder und Hauptstädte der Welt lernt ist im Geografie-Unterricht später sicher nützlich.

Insgesamt lässt sich festhalten, dass Handys sowohl positive als auch negative Aspekte haben. Ein bewusster und überlegter Umgang ist sehr wichtig. Jugendliche sollten stets reflektieren, wann und wofür sie ihr Gerät nutzen und vermeiden davon abhängig zu werden. Eventuell sollte man genau dies auch einmal zum Thema im Schulunterricht machen, um damit bewusst darauf aufmerksam zu machen, welche Gefahren und Risiken das Benutzen mit sich bringt und wo es aber auch ein Vorteil sein kann und positiv eingesetzt werden kann.

Tipps und Hinweise

Die **Überschrift** sollte motivieren den Text zu lesen.

Du solltest zu den einzelnen **Argumenten** auch **Beispiele** aufführen.

Schreibe abwechslungsreich. Variiere Worte und Satzübergänge.

Um deine **Satzübergänge** abwechslungsreich zu formulieren, sind hier einige Möglichkeiten, die du nutzen kannst:

auch – außerdem – weiterhin – ferner – unter anderem – ebenfalls – dazu kommt – dies gilt auch – dies trifft auch zu auf – zudem muss man bedenken – obwohl – weiter – zusätzlich...

Für Beispiele und Begründungen kannst du folgende Wörter nutzen:

denn – daher – da – weil – zum Beispiel – das sieht/merkt/erkennt man daran, dass... – weshalb – deshalb – das kann man auch daran erkennen, dass... – dies belegt – aus diesem Grund – deshalb – weshalb – beispielsweise – ein Beispiel dafür ist...

Das muss ich wissen

Wichtig bei einem **argumentativen Artikel** ist es, die einzelnen Argumente zu begründen bzw. auch mit einem oder mehreren Beispielen zu unterstreichen.

Je nach Aufgabenstellung gehst du schwerpunktmäßig auf die **Pro- oder Contra-Argumente** ein bzw. wie hier gefragt auf beide.

---

2. Schulaufgabe – Inhaltszusammenfassung

Name: _____

Arbeitsauftrag

1. Lies dir die Kurzgeschichte **„Pash"** von Marike Frick aufmerksam durch. Bearbeite sie mithilfe der im Unterricht gelernten Methode.

2. Fasse die **Kurzgeschichte** in eigenen Worten zusammen. Schreibe eine komplette Inhaltszusammenfassung.

Quelle: Aus: *„Herzrasen"*, Brigitte Young-Miss (Hg), Rowohlt Taschenbuch Verlag GmbH, Reinbek 2002

Beachte Folgendes …

- Eine klare und verständliche Sprache,
- eine korrekte Rechtschreibung und Zeichensetzung,
- eine saubere äußere Form!

Arbeitszeit: 60 Min.

Meinen Zeitzuschlag habe ich voll o , nicht o , teilweise o in Anspruch genommen.

**Viel Erfolg!**

Von 32 Punkten hast du ____ Punkte erreicht.

Note: ____

Marike Frick

Pash

Sie heißt Danielle und ist so, wie ihr Name klingt: elegant. Gestern trug sie Pash-Jeans. Ich hatte das gar nicht bemerkt, aber sie hat dann Annika davon erzählt und die Stimme dabei gehoben. Neulich habe ich gesehen, wie sie sich auf dem Klo die Lippen geschminkt hat. Ich habe meine Hände gewaschen und die lackierten Nägel versteckt. C&A, 49 Cent, silbergrau. Danielles Nägel sind rot. Gleichmäßig. Silbergrau sieht einfach blöd aus. Es blättert schon, dabei habe ich mich erst gestern abgemüht. Meine Mutter sagt, sie kauft mir keine neuen Jeans. Und schon gar nicht solchen englischen Scheiß. Das wusste ich eigentlich schon vorher. „Du hast doch so viele Sachen" sagte sie dann noch. Heute Morgen habe ich wieder die braune Cordhose angezogen. Vielleicht merkt Danielle gar nicht, dass es schon der vierte Tag ist.

Annika sagt in der großen Pause, sie kann sich morgens nie entscheiden. Ich stecke nur die Hände in die Taschen. Hoffentlich wäscht Mama bald mal meine andere Hose, die liegt schon seit Tagen in der Wäsche. Ich muss nachher auch daran denken, die neue BRAVO gut zu verstecken. Mama schaut sich manchmal in meinem Zimmer um. Sie will dann herausfinden, ob ich auch wirklich keine Süßigkeiten oder irgendwelchen Blödsinn dort horte. Ich kann ihre Haferflocken nicht leiden. Und Nutella gibt's nur Sonntag. Das ist so, weil der Konsum uns sonst noch alle kaputtmacht, sagt Mama.

Heute habe ich „Pash" im Wörterbuch nachgeschlagen. Gefunden habe ich nichts.

Ganz hinten in meinem Schrank liegen noch zwei Hosen, die hat Oma mir mal mitgebracht. Mama meint, die sind noch ganz gut, fast wie neu. Wenn ich sie anziehen muss, gehe ich als Erstes aufs Schulklo und krame die Cordhose aus dem Rucksack. Ich schminke mich nicht wie Danielle. Einmal habe ich mich getraut, aber das Rosa sah ziemlich blöd aus. Weil meine Schuhe vom Matsch manchmal ganz dreckig sind, stehe ich kaum auf in der Schule. Ich glaube nicht, dass Danielle jemals schmutzige Schuhe anziehen würde. Ihr Freund heißt Sebastian, und ich mag ihn. Ich habe gesehen, wie er sie geküsst hat. Er hat dabei hinten an ihre Jeans gefasst, ganz knapp unter das „Pash"-Schild.

Vielleicht kann ich ab morgen jede Woche mein Taschengeld sparen. Dann kaufe ich mir auch so eine Jeans und einen roten Lippenstift. Den rosafarbenen hatte ich ja nur in einer vermüllten Schublade gefunden. Ich weiß nicht genau, wie ich es finden würde, wenn mich wirklich jemand küsst. Was ich mit der Zunge machen soll, weiß ich, das stand super erklärt auf Seite 14. Deshalb habe ich mir die BRAVO ja auch gekauft, weil vorne draufstand: „Küssen lernen Schritt für Schritt". Die BRAVO sagt, es ist normal mit 13 noch keinen Freund zu haben. Trotzdem will ich nicht so blöd sein, wie Tine von nebenan. Die ist fett und wusste nicht, was sie machen sollte, als so ein Typ ihr die Zunge in den Hals schob. Irgendwie habe ich auch Angst davor. Vielleicht mag ich es ja gar nicht?

Sebastian kann sicher wunderschön küssen. Danielle verdreht immer die Augen, wenn sie vor Mathe davon erzählt, und dann kichert sie. Als wäre ihr jetzt noch ganz schwindelig. Ich weiß, dass Danielle immer in die Disko geht, von Tine, sie hat sie dort gesehen. Was die da will, frage ich mich, mit ihrem dicken Hintern? Ich will auch nicht, dass sie immer mit mir zur Schule geht, das sieht blöd aus, die Dicke und die Langweilige. Lieber wäre es mir, wenn Danielle mal mit mir reden würde. Neulich habe ich geträumt, dass sie mich küsst, einfach so, mitten auf den Mund. Ich habe ihr hinten an die Jeans gegriffen, dann war es plötzlich Sebastian, der mir seine Zunge in den Hals steckte. Er lachte hinterher ganz fies und sagte: „Kauf dir erst mal was Ordentliches zum Anziehen".

Im Schaufenster sieht die Jeans ganz anders aus, als wenn Danielle sie trägt. Sie hängt da so an der Schaufensterpuppe herunter, und nur der Preis ist wirklich aufregend: „Neunundsiebzig Euro neunzig", sagt die Verkäuferin und sieht auf ihre Uhr, als ich frage. So viel habe ich noch nie gehabt. Mama gibt für Schuhe höchstens dreißig Euro aus, wenn ich mal wieder aus meinem alten Paar rausgewachsen bin. Ich wachse viel in letzter Zeit, auch obenrum. Heimlich habe ich mal Mamas BHs ausprobiert, das war dann aber doch nichts für mich. (…)

Die Pash-Jeans ist ganz weich an meinen Beinen, und die Verkäuferin quatscht mit einer Kollegin. Als ich den ersten Knopf schließe, fängt mein Herz wild an zu schlagen. Sebastian sollte mich so sehen. Im Spiegel bin ich eine ganz andere, der Schlabberpulli stört nicht mehr. *Pash.* Das klingt gut, und ich sage es leise immer wieder. Die Verkäuferin ist jetzt in die Mittagspause gegangen, ihre Kollegin schlurft zurück zu den Bettlaken und Kissenbezügen. Die Jeans hat kein Preisschild, gut, dass ich gefragt habe. Normalerweise ist an der Seite auch so ein Piepding, das ist bei C&A immer so, aber diese Jeans kommt direkt aus dem Schaufenster, es ist die letzte. Die Verkäuferin hat gestöhnt, als die Hose nicht so recht von der Puppe abgehen wollte, aber dann klappte es doch. Ich drehe mich noch mal draußen vor dem großen Spiegel.

Danielle hat manchmal hochgesteckte Haare, mit einer Hand halte ich meine dünnen Strähnen hoch. Von draußen schaut jemand rein, es ist die fette Tine. Sie reißt die Augen auf und drückt sich fast die Nase platt, als sie mich so sieht. Ich freue mich ein bisschen, dass sie mir zuschaut, vielleicht erzählt sie es ja jemandem. Es wäre toll, wenn mal über mich geredet würde. Sonst glotzen sie ja immer nur, und ich mache mich klein.

Mein Rucksack liegt noch in der Kabine, fast hätte ich ihn vergessen, als ich gehen will. Hinter der Bettenabteilung ist der Ausgang, und ich gehe langsam an den Sonderangeboten vorbei. Tine folgt mir mit ihrem Blick, und ich spüre wieder mein Herz, wie vorhin. Ich wünsche mir, dass Sebastian genau jetzt eine neue Bettwäsche für sich aussucht, vielleicht für sich und Danielle, das wäre mir egal, im Moment ist das völlig gleich. Tine ist weg, als ich plötzlich im Regen stehe. Meine Hose wird langsam nass. Vom Marktplatz höre ich den Gongschlag, dreimal. Ich muss noch Mathe machen, denke ich, und hoffentlich hat Mama mein rotes T-Shirt gewaschen. Vielleicht gibt es ja sogar mal was Ordentliches zum Mittag. Irgendwas ohne Körner. Dann laufe ich dem Regen davon zur Bushaltestelle. Die Wolken ziehen wie wild an den Häuserdächern vorbei. Und drinnen in der Umkleidekabine liegt eine braune Cordhose auf dem Boden.

Lösung: 2. Schulaufgabe – Inhaltszusammenfassung

Arbeitsauftrag

1. Lies dir die Kurzgeschichte **„Pash"** von Marike Frick aufmerksam durch. Bearbeite sie mithilfe der im Unterricht gelernten Methode.

2. Fasse die **Kurzgeschichte** in eigenen Worten zusammen. Schreibe eine komplette Inhaltszusammenfassung.

Inhaltszusammenfassung

In der Kurzgeschichte „Pash" von Marike Frick erschienen als Taschenbuch „Herzrasen" geht es um ein Mädchen, das gerne so cool und modern wie ihre Klassenkameradin Danielle wäre, daran aber leider durch ihre familiäre Situation gehindert wird und sich dann spontan versucht selbst zu helfen.

Die Erzählerin der Kurzgeschichte vergleicht sich mit Danielle, ihrer Klassenkameradin, und deren Aussehen. Danielle trägt Markenjeans: Pash, sie selbst aber nur eine Cordhose. Ihr Nagellack ist silbergrau und billig, Danielles Nagellack hingegen rot und schön. Die Erzählerin tut sich schwer mit der Situation zuhause: ihre Mutter möchte nicht viel Geld für Kleidung ausgeben, möchte nicht, dass sie sich Süßigkeiten oder BRAVO-Heftchen kauft und findet, dass die alten Hosen von Oma doch noch echt in Ordnung sind. Das sieht das junge Mädchen aber anders und hofft, dass ihre Mutter bald wieder Wäsche wascht, damit sie endlich einmal wieder eine andere Hose als ihre Cordhose tragen kann. Sie bewundert eben Danielle, die immer gut angezogen ist, nie dreckige Schuhe tragen würde und sogar einen Freund hat: Sebastian. Ihn küsst sie sogar und erzählt dann in der Pause davon. Und einmal hat das Mädchen die beiden dabei sogar gesehen. Er hatte seinen Arm um sie gelegt und seine Hand war auf ihrer Hose, direkt unter dem Pash-Schildchen. Über das Küssen weiß sie schon Bescheid, nicht aus eigener Erfahrung aber aus der BRAVO und eigentlich würde sie es auch gerne ausprobieren, doch ein bisschen Angst ist auch da. In einem Traum küsst sie erst Danielle und dann Sebastian, der sagt dann allerdings sie solle sich doch erstmal ordentliche Jeans kaufen. Also schlendert sie in der Stadt am Schaufenster vorbei und erfährt den teuren Preis der Pash-Jeans. Trotzdem lässt sie sich die Hose von der Verkäuferin geben. Diese muss die Hose der Schaufensterpuppe erstmal ausziehen – es ist die letzte. Da die Puppe im Schaufenster die Hose trug, hat sie kein Preisetikett und auch keine Sicherung. Das ist ihre Chance. Sie probiert sie Hose an. Das beobachtet ihre Nachbarin Tine durchs Schaufenster. Als die Verkäuferin anderweitig beschäftigt ist, läuft sie langsam aus dem Laden und zurück bleibt ihre Cordhose auf dem Boden der Umkleidekabine.

Tipps und Hinweise

Nachdem du die Kurzgeschichte gelesen hast, kannst du dir erst einmal auf einem extra Blatt die **W-Fragen** beantworten:

– *Wer? – Was? – Wann? – Wo? – Wie? – Warum?*

Dies kann dir helfen den Inhalt in der Einleitung in ein bis zwei kurze Sätze zusammenzufassen.

Tipps und Hinweise

Die **Kurzgeschichte „Pash"** ist bereits in Abschnitte gegliedert. Diese kannst du nutzen, um dir das Zusammenfassen zu erleichtern. Nachdem du den Text komplett gelesen hast, kannst du Abschnitt für Abschnitt zusammenfassen. So vergisst du keine wichtigen Informationen und hast die Möglichkeit sinnvoll Inhalte zusammenzufügen.

Nutze **Satzverknüpfungen** um inhaltliche Zusammenhänge zu verdeutlichen. Einige Beispiele sind: **Konjunktionen:** *als, aber, dass, ob, um, während, damit, weil, wenn, und, denn....*

Pronomen: *die, der, das, er, sie, welcher, dieser, jener, es...*

Das muss ich wissen

Deine **Inhaltszusammenfassung** muss folgende Teile beinhalten:

– **Einleitung:** Hier benennst du: den/die Autor/in, den Titel des Textes, die Quelle des Textes, die Textsorte (also in diesem Fall Kurzgeschichte) und das Thema (ein Satz zum Inhalt des Textes)

– **Hauptteil:** Fasse den Inhalt des Textes knapp, übersichtlich und möglichst in deinen eigenen Worten zusammen.

– Du schreibst im **Präsens**.

– Die Sprache ist **sachlich**.

2. Schulaufgabe – Einen inneren Monolog schreiben

Name: _____

Arbeitsauftrag

1. Lies dir die Kurzgeschichte „**Zugvogel**" von Eva M. Durstewitz-Marschall aufmerksam durch.
2. Versetze dich in die Lage der Erzählerin. Was geht in ihr vor als sie am Ende ihre Bekanntschaft wiedertrifft. Schreibe einen inneren Monolog.

Quelle: https://inside.bahn.de/zeit-fuer-dich-zeit-zum-schreiben-das-ist-die-schoenste-kurzgeschichte/

Beachte Folgendes

- Eine klare und verständliche Sprache,
- eine korrekte Rechtschreibung und Zeichensetzung,
- eine saubere äußere Form!

Arbeitszeit: 60 Min.

Meinen Zeitzuschlag habe ich voll o *, nicht* o *, teilweise* o *in Anspruch genommen.*

Viel Erfolg!

Von 32 Punkten hast du ____ Punkte erreicht.

Note: ____

Eva M. Durstewitz-Marschall

Zugvogel

An diesem Morgen hatte ich besonders sehnsüchtig den Zugvögeln nachgeblickt. Sie flogen schon nach Süden. Und ich musste mich in den vollen Pendlerzug mit all den anderen Unausgeschlafenen setzen! Mit den Gedanken schon halb im Büro, wo heute richtig viel Arbeit warten würde, fand ich einen Platz, in dem Abteil, wo ich fast jeden Morgen saß. So gut wie immer ergatterte ich dort einen Fensterplatz und konnte an die Scheibe gelehnt die erwachende Landschaft vorbeirauschen sehen.

Seit ich mich daran gewöhnt hatte, dass er nicht mehr auf halber Strecke zustieg und mit seinem Lächeln meine Fahrt zur Arbeit aufhellte, hörte ich morgens nun immer laut Musik mit Kopfhörern. Die Landschaft, die entfernten Ortschaften und Autos vorm Zugfenster schmolzen ineinander. Je schneller wir wurden, umso unkenntlicher wurden die Konturen und einzelnen Farben. Es machte mir Spaß, diese immer neuen Bilder zusammen zu spinnen. Wenn ich gut gelaunt war und Glück hatte, tauchten dann Urlaubsorte, die letzte Party oder Gesichter guter Freunde vor mir auf und ich konnte die knappe Stunde Zugfahrt sogar genießen.

Ich hatte den ganzen Sommer über gebraucht, um mich an dieses Ritual der morgendlichen Fahrt zur Arbeit zu gewöhnen. Ab und an dachte ich etwas wehmütig daran, wie es noch vor einigen Monaten den ganzen Frühling über gewesen war. Im Januar hatte ich den neuen weiter entfernten Job angenommen und mir hatte anfangs vor der langen Anfahrt gegraut. Doch schon in den ersten Tagen war er mir aufgefallen. Der Zug war an einem Glatteismorgen sehr voll gewesen und er hatte einem älteren Mann, der in unser Abteil schaute, seinen Platz angeboten. Er war vor dem Abteil stehengeblieben und hatte mich durch die Glasscheiben hindurch nur flüchtig angelächelt. Er fuhr die Strecke regelmäßig, genau wie ich und genau wie die Gruppe von Schülern, die noch morgens im Zug die Hausaufgaben erledigte und genau wie die wie beiden Zwillinge, die obwohl schon geschätzte siebzig immer im gleichen Outfit mit mir in den Zug stiegen.

Nach dem ersten Zughalt war er für gewöhnlich in mein Abteil eingestiegen und lachte mich von gegenüber an. Während es die ersten Tage genau dabei geblieben war, hatten wir nach einiger Zeit begonnen, uns morgens zu grüßen und irgendwann gemeinsam über den Zufall geplaudert, dass wir fast jeden Morgen im selben Abteil fuhren. Es war immer lustig gewesen, so schön unverbindlich und trotzdem nach einigen Wochen vertraut. Einmal hatte ich sogar mein Croissant mit ihm geteilt, nachdem er völlig verschlafen, unrasiert und ohne Frühstück ins Abteil gestürzt gekommen war. Als er einmal eine ganze Woche nicht zugestiegen war, konnte ich meine Erleichterung in der Folgewoche nicht verbergen, als ich ihn wiedersah. Er hatte nur eine Dienstreise unternommen und alles konnte wieder seinen gewohnten Lauf nehmen. Ich ertappte mich, dass ich begann, den Platz gegenüber für ihn frei zu halten. Manchmal lasen wir gemeinsam Zeitung und lachten über dieselben Artikel oder über das Horoskop. Ich dachte an den einen Morgen im Frühling. Es war noch viel zu kalt gewesen, um in Sandalen am Bahnhof auf den Zug zu warten und ich hatte ihm im Abteil völlig durchgefroren über das Wetter hierzulande vorgejammert. Er war dann einfach aufgestanden, um kurz darauf mit einem Becher heißen Milchkaffees wieder vor mir zu stehen. Das hatte mich damals zwar sehr gerührt und ich weiß noch wie ich sogar Herzklopfen hatte. Aber geahnt hatte ich trotzdem nicht, wie sehr mir all das heute fehlen würde. Wenn ich meiner besten Freundin ab und an von meinem „morgendlichen Zugbegleiter" erzählt hatte, musste sie stets schmunzeln und konnte nicht verstehen, warum wir nicht einfach mal Adressen austauschen würden oder uns außerhalb des Zugs treffen. Ich wimmelte immer ab. Das könnten wir immer noch irgendwann tun und außerdem sei das sein Job, mich vielleicht *irgendwann* danach zu fragen.

Irgendwann! Irgendwann im Frühsommer stieg er nicht mehr ein. Die ersten Tage war ich ganz entspannt und genoss es fast ein bisschen, Musik zu hören. Dann wurde es mir peinlich, den Platz weiter frei zu halten und ich fand mich selber albern, als ich begann ihn zu vermissen. Lediglich eine knappe halbe Stunde Zugfahrt am Morgen hatten uns verbunden. Und trotzdem hatte ich das Gefühl, ihn richtig gut zu kennen. Ich wusste zwar nicht viel, aber kannte ihn dennoch. Ich kannte seine Stimme, spürte, was ihn nachdenklich machte, wusste was er gerne frühstückte, welche Artikel in der Morgenzeitung ihn wütend machten, dass er später gerne fünf Kinder haben wollte und kannte sein Lächeln. Aber ich wusste nicht, wo er genau wohnte, keine Adressen und nicht einmal seinen Nachnamen.

Mir gegenüber saß jetzt häufig eine ältere Dame, die mir von ihren süßen Enkelkindern erzählte, wenn ich nicht gerade mit den Kopfhörern in die Landschaft draußen versunken war. An diesem Morgen war sie nicht da. Der Platz gegenüber blieb frei. Den ganzen Sommer hatte ich Zeit gehabt, mich daran zu gewöhnen, dass *er* nicht mehr in meinem Abteil fuhr. Die fast herbstliche Morgensonne verwischte die Wiesen und Ortschaften draußen heute mit milchigen Farben. Ich fror, weil ich dummerweise mal wieder viel zulange mit Sandalen am Bahnsteig gestanden hatte. Der Sommer war eigentlich schon um. Die ersten Zugvögel flogen ja schon gen Süden. Da stellte mir jemand einen Milchkaffee vor die Nase und seine vertraute Stimme wünschte mir „Guten Morgen".

Lösung: 2. Schulaufgabe – Einen inneren Monolog schreiben

Innerer Monolog

Oh! Moment mal. Das kann ja nicht sein. Er steht vor mir. Ich kann es nicht glauben. Oder ist das nur ein Traum? Das ist sicher nur ein Traum. Eben habe ich noch wehmütig an die Zeit gedacht, in der er regelmäßig mit mir im Zug fuhr und jetzt steht er hier? Ich muss was sagen. Was sag ich denn nur? Und ich darf ihn nicht mehr gehen lassen. Ich muss ihn nach seinem Namen und seiner Adresse, seiner Telefonnummer fragen. Mein Herz klopft ganz schön laut. Ob er das hören kann? Ich hoffe mal nicht. Wahrscheinlich hab' ich schon ein ganz rotes Gesicht. Ich kenne das ja, in so Situationen kann ich nie cool bleiben. Hat er mich wohl auch vermisst? Ich hoffe es. Was mache ich denn nun? Erst einmal einen guten Morgen wünschen. Ob er sich setzen kann? Ja, ja, natürlich. Na mach' schon! Ein Glück, er hat sich zu mir gesetzt. Und wie er lächelt. Ach was ich habe dieses Lächeln vermisst. Ich muss richtig atmen, einatmen, ausatmen, ich bin ganz aufgeregt. Soll ich ihn nun fragen, ob ich seine Kontaktdaten bekomme? Was, wenn er nein sagt? Aber das wird er schon nicht. Oder? Er hat mich vermisst! Das hat er doch gerade gesagt, oder? Ich weiß nicht mehr, ob ich mir das alles nur einbilde oder ob es tatsächlich passiert. So viel Glück kann ein Mensch doch gar nicht haben. Hat er wirklich gesagt, dass er mich vermisst hat? Nein, das glaube ich nicht. Aber wenn doch, ich ihn ja auch. Ich muss jetzt meinen ganzen Mut zusammen nehmen und ihn nach seinem Namen fragen. Oder soll ich mich einfach selbst vorstellen? Ja, das ist doch gut. Ich sage einfach, ich bin übrigens Katja. Dann wird er mir schon seinen Namen verraten. Ich darf nicht zu lange zögern. Wir haben ja nur 30 Minuten und wenn er morgen nicht mehr kommt, dann habe ich wieder nichts. Also, los Katja, trau' dich. Was soll schon passieren? Frag' ihn jetzt nach seinem Namen und stell' dich endlich vor. Du hast lange genug gezögert. Also auf!

Tipps und Hinweise

Bei einem **Inneren Monolog** musst du dich, ähnlich wie bei einem Brief oder Tagebucheintrag, in die Person hineinversetzen, die den inneren Monolog führt. Stelle dir genau vor, was sie denkt, sieht, fühlt, riecht... Diese **Sinneseindrücke** kannst du dann im Monolog mit ausdrücken. Wichtig sind auch die **Gefühle** und **innersten Gedanken** – Dinge, die man so vielleicht nicht direkt der Umgebung mitteilt.

Hab' keine Angst dich manchmal zu wiederholen. Gedanken sind nicht immer ganz klar strukturiert und es ist auch in Ordnung Gedankensprünge zu haben.

Das muss ich wissen

Deine **Inhaltszusammenfassung** muss folgende Teile beinhalten:

– **Einleitung:** Hier benennst du: den/die Autor/in, den Titel des Textes, die Quelle des Textes, die Textsorte (also in diesem Fall Kurzgeschichte) und das Thema (ein Satz zum Inhalt des Textes)

– **Hauptteil:** Fasse den Inhalt des Textes knapp, übersichtlich und möglichst in deinen eigenen Worten zusammen.

– Du schreibst im **Präsens**.

– Die Sprache ist **sachlich**.

3. Schulaufgabe – Textgebundener Aufsatz

Name: _____

Aufgabenstellung zum Zeitungsartikel „Auf Siegeskurs"

1. Schreibe eine vollständige **Einleitung**.
2. Fasse den **Inhalt** des Textes abschnittsweise zusammen.
3. Um welche **Textsorte** handelt es sich? Arbeite vier Merkmale heraus und belege sie am Text.
4. Beschreibe fünf auffällige **sprachliche Merkmale** und gehe jeweils auf die beabsichtigte Wirkung ein.
5. Äußere dich zur **Absicht** des Autors und zur Wirkung auf die Leserschaft.
6. Schreibe im **Schluss** über deine eigenen Eindrücke zu diesem Text / Thema.

Beachte Folgendes

- Einen grammatikalisch abwechslungsreichen Satzbau,
- eine korrekte Rechtschreibung und Zeichensetzung,
- eine saubere äußere Form!

Arbeitszeit: 60 Min.
Meinen Zeitzuschlag habe ich voll o , nicht o , teilweise o in Anspruch genommen.

Viel Erfolg!

Von 32 Punkten hast du ____ Punkte erreicht.
Note: ____

Auf Siegeskurs

Lorenzo lebt in einem Internat für junge Sportler. Nur die besten dürfen dorthin. Der 14-Jährige trainiert jeden Tag vier Stunden. Auch in den Ferien.

Das Kunstturnforum in Stuttgart ist ein 5 Paradies für Turner: Überall Barren, Kästen, Reckstangen, Sprungpferde, Ringe, Trampoline, man weiß gar nicht, wo man zuerst hinschauen soll. Und darunter ganz viele blaue Schaumstoffmatten, damit 10 nichts passiert, selbst wenn ein Salto mal nicht im Stand endet.

Aber manchmal passiert halt trotzdem etwas, und gerade eben hat es Reck Lorenzo Voppichler erwischt. Er sitzt am Rand 15 der Halle auf einer Holzbank und kühlt seinen rechten Fuß mit einem Eisbeutel. „Harte Landung", sagt Lorenzo, ein anderer Turner bringt ihm Krücken. Ohne die wird er jetzt einige Wochen nicht ge- 20 hen können: Fuß gebrochen. Der Bruch hat wegen seiner Form einen lustigen Namen: Entenschnabelbruch. Aber Lorenzo kann darüber natürlich nicht lachen.

Lorenzo ist 14 Jahre alt, mit sieben hat er 25 mit dem Turnen angefangen. Das sieht man sofort an, er ist ein Kraftpaket. Für seine Muskeln hat er viel tun müssen: „Ferienzeit ist bei mir schon immer Trai- ningszeit", sagt er. Und damit hat er noch 30 mehr und noch besser trainieren kann, ist er im vergangenen Herbst aus seinem Heimatort Vöhrenbach im Schwarzwald nach Stuttgart gezogen. Das kann nicht jeder: Nur die besten Nachwuchsathleten 35 aus ganz Baden-Württemberg dürfen am Olympiastützpunkt in einem Internat zu- sammenwohnen. Lorenzo gilt als eines der größten Turnertalente seines Jahrgangs, sein Lieblingsgerät ist das Reck, er hat 40 schon ein paar wichtige Pokale gewonnen. „Man weiß trotzdem nicht, wie weit man's am Ende schafft", sagt Lorenzo. Aber es ist ja klar, wie weit es jeder im Internat schaf- fen will – zu den Olympischen Spielen. 45 Im Wand: die ehemaligen Bewohner, die in Sydney, Athen oder Peking antreten durften.

Zwanzig junge Athleten leben im Stuttgar- ter Internat, direkt hinter dem großen Fuß- 50 ballstadion. Lorenzo teilt sein Zimmer mit Mike, der auch Turner ist. Um zehn sollen die beiden jeden Tag brav im Bett liegen. Ob das auch wirklich so ist? Lorenzo lächelt verschmitzt und sagt: „Wir gehen auf 55 jeden Fall so schlafen, dass wir am nächsten Tag fit fürs Training sind." Und fit auch für die Schule. Lorenzos Tag ist vollgepackt mit Unterricht und Training, nur an den Wochenenden hat er frei – wenn 60 keine Wettkämpfe sind. Für Wettkämpfe oder Trainingslager ist Lorenzo manchmal wochenlang auf Reisen. Den Mathe- oder Geschichtsstoff muss er dann eben im Ho- tel büffeln, und sobald er zurück in Stutt- 65 gart ist, kriegt er Zusatzstunden. Ab und zu schreibt er unterwegs sogar eine Schulauf- gabe. Der Trainer passt auf, dass er nicht spickt. Jetzt sitzt Lorenzo in seiner achten Klasse am Wirtenberg-Gymnasium, Dop- 70 pelstunde Chemie. „Wir beschäftigen uns heute mit den Alkali-Metallen"; sagt die Lehrerin. „Nein, bitte nicht!", brüllt die ganze Klasse, Lorenzo ist stimmlich vorn dabei. Aber die Lehrerin lässt sich nicht 75 abbringen.

Wegen seiner Verletzung kann Lorenzo gerade nur seinen Oberkörper trainieren. Das gibt ihm wenigstens Zeit, nach der 80 Schule im Aufenthaltsraum des Internats vorbeizuschauen und auf der Riesencouch die Serie „Scrubs" zu gucken mit den Vol- leyballerinnen. Auf Gemeinschaft wird viel Wert gelegt im Internat, beim Abendessen sitzen alle an einem großen eiförmigen 85 Tisch zusammen. Natürlich müssen die jungen Sportler dabei auf gesunde Ernäh- rung achten. „Aber das heißt nicht, dass wir nicht auch mal Schnitzel mit Pommes essen", sagt Lorenzo. Auch ein paar Scho- 90 ko-Cookies sind wohl drin, eine Packung liegt jedenfalls in Lorenzos Zimmer. An der Wand hängen Trainingspläne und au- ßerdem ein Foto von Lorenzo mit vier Mädchen, aufgenommen daheim im 95

Schwarzwald. Er hat es geschenkt bekommen, darüber steht: „Wir denken an Dich."
In Vöhrenbach sind alle sehr stolz auf Lorenzo, sie lesen in der Lokalzeitung ja auch dauernd Schlagzeilen wie „Voppichler 100 eine Klasse für sich". „Im Supermarkt werde ich oft von Menschen angesprochen, die ich gar nicht kenne", erzählt Lorenzo.
Nicht auszudenken, wie das erst wird, wenn er es wirklich mal zu den Olympischen 105 Spielen schaffen sollte.

Von Roman Deininger
Süddeutsche Zeitung für Kinder, Nr. 10, Juli 2012

Lösung: 3. Schulaufgabe – Textgebundener Aufsatz (TGA)

Zusammenfassung

In der Reportage „Auf Siegeskurs" von Roman Deininger erschienen im Juli 2012 in der Süddeutschen Zeitung für Kinder Nr. 10 geht es um einen Jugendlichen Sportler, Lorenzo Voppichler, der in einem Sportinternat lebt und ein Nachwuchstalent im Turnsport ist.

Der 14-jährige Lorenzo lebt im Kunstforum in Stuttgart, einem optimal ausgestatteten Internat für Sportlerinnen und Sportler, in dem es sämtliche Turngeräte und Sportmaterialien gibt, die sie zum erfolgreichen und sicheren Sport brauchen.

Doch auch guten Sportlern kann etwas passieren und so verletzt Lorenzo sich den Fuß bei einem Sprung.

Der Junge, der eigentlich aus dem Schwarzwald stammt, lebt seit einem Jahr im Internat um sich völlig dem Sport zu widmen. Hier ist er zusammen mit zwanzig anderen Nachwuchstalenten aus Baden-Württemberg. Sein Zimmer teilt er mit Mike. Lorenzo ist bereits im Besitz einiger Pokale. Sein liebstes Turngerät ist das Reck.
Neben dem Training gehen die Jugendlichen hier zur Schule. Manchmal sind außerdem Trainingslager oder Wettkämpfe. Für diese geht es sogar international auf Reisen. Dann muss Lorenzo den Schulstoff nachholen und ab und an sogar eine Klausur aus der Ferne schreiben. Wichtig ist auch die Gemeinschaft mit den anderen Sportlerinnen und Sportlern. Im Internat sind sie wie eine kleine Familie. Und Lorenzos Freunde und Familie in der Heimat in Vöhrenbach unterstützen ihn auch. Sie sind stolz auf ihn.

Der Autor des Textes wechselt zwischen der Darstellung des Geschehens (wie z.B. in Zeile 11-17), persönlichen Aussagen von Betroffenen (z.B. Zeile 42-43), sachlichen Hintergrund-informationen (z.B. Zeile 49-51) und auch subjektiven Kommentaren (z.B. Zeile 26-27). Dies deutet darauf hin, dass es sich bei dem Text um eine Reportage handelt.
*In Zeile 6–8 nutzt der Autor die Aufzählung von Sportgeräten als sprachliches Merkmal. Zudem verwendet er einige Male umgangssprachliche Begriffe wie z.B. Zeile 13. „Manchmal passiert **halt** trotzdem etwas" oder Zeile 83 „**gucken**". Das macht er vielleicht bewusst, um die lokale Leserschaft (in Schwaben) anzusprechen. Um seine Aussagen zu unterstützen, nutzt er zudem direkte Zitate von Aussagen, die die Betroffenen gemacht haben (wie z.B. in Zeile 18 oder 41-42). Außerdem übermittelt er seine gute Recherche durch Fachbegriffe wie „Entenschnabelbruch" in Zeile 23. Die Absicht des Autors ist es einen authentischen Einblick in das Leben von Lorenzo im Internat zu geben. Dies gelingt ihm meiner Meinung nach gut durch die gewählte Verbindung von Fakten, Hintergrundinformationen, persönlichen Aussagen der Betroffenen und Fachwissen.*

Tipps und Hinweise

In der **Einleitung** schreibst du Informationen zu: Quellenangabe, Titel, Autor, Textsorte, Erscheinungsdatum und eine Kernaussage.

Den Text in **Sinnabschnitte** zu gliedern macht die **Zusammenfassung** einfacher. Nutze dann unterschiedliche Einleitungen wie z.B. *Im Sinnabschnitt.... Anschließend erfährt der Leser... Im Absatz... wird deutlich.* Denke dabei daran die **Textstelle** zu markieren, also einen Hinweis auf die Zeilen zu geben.

Nutze passende **Satzverknüpfungen** wie: *wenn, während, wegen, bei, deshalb, trotz, und, dann, denn...*

Ersetze *sagen* durch **treffende Verben** wie: *verraten, erklären, erläutern, behaupten...*

Wichtige **wörtliche Rede** kann in einer Zusammenfassung in der **indirekten Rede** genannt werden.

Sprachliche Mittel, die du betrachten kannst, sind:

– **Satzbau und Satzarten**: sind es einfache Hauptsätze, lange Satzgefüge, Fragesätze, Ausrufesätze, Aufzählungen...

– **Wortwahl**: auffällige Nomen, Verben, Adjektive, gibt es Fachwörter, Fremdwörter...

– **Andere sprachliche Mittel**: wörtliche Rede, Umgangssprache, sprachliche Bilder, rhetorische Mittel, Vergleiche, Alliterationen...

Das muss ich wissen

Ein **Textgebundener Aufsatz (TGA)** besteht aus einer Einleitung, einem Hauptteil und einem Schluss.

Im Hauptteil schreibst du eine **Inhaltsangabe**, die sachlich und knapp ist. Sie steht im **Präsens**. Weiter gehst du auf die sprachlichen Mittel ein, die dir auffallen.

Am Ende folgt im Schlussteil eine **Stellungnahme** von dir.

3. Schulaufgabe – Gefühle und Gedanken erschließen – Tagebucheintrag

Name: _____

Arbeitsauftrag

1. Lies dir die Kurzgeschichte „Geschenkt" aufmerksam durch.
2. Versetze dich anschließend in die Lage der jungen Frau aus dem Bus. Am Abend ist sie in ihrer Wohnung und sitzt am Schreibtisch. Schreibe einen Tagebucheintrag aus Sicht der jungen Frau, in dem sie das Geschehene dokumentiert und ihre Gedanken und Gefühle dazu aufschreibt.

Beachte Folgendes

- Eine klare und verständliche Sprache,
- eine korrekte Rechtschreibung und Zeichensetzung,
- eine saubere äußere Form!

Arbeitszeit: 60 Min.
Meinen Zeitzuschlag habe ich voll o , nicht o , teilweise o in Anspruch genommen.

Geschenkt

In einem Bus sitzt ein älterer Mann; in seinem Arm hält er einen wunderschönen Blumenstrauß. Die junge Frau ihm gegenüber kann ihren Blick nicht von der Blumenpracht lassen. Immer wieder schaut sie zu den bunten Blüten. Kurz vor der nächsten Haltestelle steht der Mann auf und sagt zu der Frau: „Gefällt Ihnen der Strauß?" Er reicht ihr die Blumen und sagt: „Er ist eigentlich für meine Frau. Aber ich denke, Sie hätten es gern, dass Sie ihn bekommen. Ich gehe jetzt zu ihr und erzähle ihr, dass ich die Blumen Ihnen geschenkt habe."
Sehr erstaunt nimmt die Frau den Strauß entgegen. Sie kommt nicht mehr dazu, ihn etwas zu fragen, ihm zu danken; schon ist er ausgestiegen. Sie schaut ihm nach. Er verschwindet durch ein Tor, das auf einen Friedhof führt.

Quelle: Aus „Typisch! - Kleine Geschichten für andere Zeiten" Andere Zeiten e.V.

 Viel Erfolg!

Von 32 Punkten hast du ____ Punkte erreicht.
Note: ____

Lösung: 3. Schulaufgabe – Gefühle und Gedanken erschließen – Tagebucheintrag

Freitag, 7. April 2017

Liebes Tagebuch,

heute ist mir etwas so Verrücktes passiert, ich muss darüber schreiben. Ich war am Nachmittag nach einem Zahnarzttermin auf dem Weg nach Hause. Da mein Zahnarzt am anderen Ende der Stadt ist und es morgens etwas regnerisch war, hatte ich den Bus genommen – eigentlich fahre ich ja immer mit dem Fahrrad. Jedenfalls war ich im Bus auf dem Weg nach Hause. An der Eichenstraße stieg ein älterer Mann in den Bus und setzte sich mir gegenüber auf den Sitz. Er hatte einen großen, bunten Blumenstrauß dabei, der einfach nur wunderschön war. Ich konnte es nicht lassen die Blumen genauer zu betrachten. Der Strauß zauberte mir direkt ein Lächeln aufs Gesicht und ich vergaß sogar meine Schmerzen, die ich von der Betäubung beim Zahnarzt noch hatte. Jedenfalls fragte der Mann mich plötzlich, ob mir der Strauß gefalle. Bevor ich richtig antworten konnte – ich glaube ich lächelte nur schief – sagte er weiter, dass der Strauß eigentlich für seine Frau wäre, er sich aber sicher sei, dass sie sich freuen würde, wenn er mir die Blumen schenken würde. Und das hat er dann auch gemacht. Er drückte mir die bunten Blumen in die Hand und dann ist er an der nächsten Haltestelle ausgestiegen. Ich war so verdutzt in dem Moment, dass ich gar nicht richtig reagieren konnte. Ich habe nur ein kleines Dankeschön gestammelt, war aber einfach schockiert, was da passierte. Als ich ihm dann aus dem Fenster nachschaute, wohin er ging, sah ich, dass er zum Friedhof unterwegs war. Er hatte zu mir gesagt, dass er jetzt zu seiner Frau gehen würde und ihr davon erzählen würde, dass er mir die Blumen geschenkt hat. Wie unglaublich! Seine Frau ist sicher auf dem Friedhof begraben. Ich kann es immer noch nicht fassen – so ein lieber Mann. Und mir hat er die Blumen geschenkt. Einfach so. Ich habe mich wirklich selten über ein Geschenk so sehr gefreut wie über diese Blumen. Eigentlich echt eine tolle Sache einfach mal jemandem etwas zu schenken – auch einer fremden Person. Ich glaube, das möchte ich auch mal tun. Hoffentlich ergibt sich bald eine Gelegenheit dazu.

Das muss ich wissen

Ein **Tagebucheintrag** soll folgende Aspekte enthalten:

– **Gefühle, Gedanken, Wünsche, Ängste, Hoffnungen**
– **Inhaltliche Aspekte** wie z.B. Erzählen einer Situation, Fakten über Menschen, Dinge, Orte
– **Datum, Anrede**

Es ist sehr wichtig, dass du dich in die Person, aus deren Sicht du den Tagebucheintrag schreibst, hineinversetzt und versuchst ihre Perspektive einzunehmen. Nur so kannst du gut über Gefühle und Gedanken, die diese Person hat, schreiben.

Am Schluss solltest du den Eintrag abrunden. Dies kannst du z.B. dadurch bewerkstelligen, indem du schreibst, was du nun vorhast zu tun, eine Lösungsmöglichkeit für ein Problem aufführst, eine Idee oder einen Plan erzählst...

Der **sprachliche Stil** ist sehr persönlich. Ein Tagebucheintrag ist ähnlich wie ein persönlicher Brief oder innerer Monolog.

---

4. Schulaufgabe – In einem Leserbrief argumentieren

Name: _____

Aufgabenstellung

Schreibe an die Redaktion der Bad Wurzacher Nachrichten einen **vollständigen Leserbrief**, in den du eine **eindeutige Meinung (Pro oder Contra)** vertrittst. Überlege dir **drei Behauptungen**, die du dann **jeweils begründest und mit einem passenden Beispiel** belegst.

Beachte Folgendes

- Einen grammatikalisch abwechslungsreichen Satzbau,
- eine korrekte Rechtschreibung und Zeichensetzung,
- eine saubere äußere Form!

Arbeitszeit: 60 Min.

Meinen Zeitzuschlag habe ich voll o   , nicht o   , teilweise o   in Anspruch genommen.

Viel Erfolg!

Von 32 Punkten hast du ____ Punkte erreicht.

Note: ____

In der Tageszeitung „Bad Wurzacher Nachrichten" erschien am 24.03.2016 folgender Artikel:

Bald nur noch E-Books?

Werden elektronische Bücher demnächst die traditionellen Bücher aus Papier endgültig ablösen? Laut Auskunft verschiedener Hersteller von E-Books bzw. E-Book-Readern auf der CEBIT in Hannover wachse der Markt kontinuierlich, die Geräte würden immer besser und vermutlich längerfristig auch billiger.

Es spricht also einiges dafür, nicht mehr herkömmliche Bücher zu lesen zu benutzen, sondern virtuelle Bücher. (…)

Was spricht also gegen E-Book-Reader? Eine Umfrage der Wurzacher Nachrichten ergab folgendes Bild: Eine Mehrheit von 65% bevorzugt in unserer Region nach wie vor die traditionellen Bücher. Allerdings ist die Mehrheit dieser Gruppe über 50 Jahre alt. Es ist also absehbar, dass diese Zahl der Befürworter, die vor allem in der jüngeren Bevölkerung zu finden sind, wachsen wird und das Buch möglicherweise gänzlich an den Rand drängen könnte. Wird es also das gedruckte Buch bald nicht mehr geben?

Noch ist es nicht soweit, aber der Trend in diese Richtung ist nicht aufzuhalten.

Sebastian Konrad

Empfänger: Wurzacher Nachrichten
Redaktion Leserbriefe
88411 Bad Wurzach

Mike Mosbacher
An: Wurzacher Nachrichten
Redaktion Leserbriefe
88411 Bad Wurzach

Aulendorf, 29.03.2016

Betreff: Leserbrief zum Thema E-Books

Sehr geehrte Damen und Herren,

in meinem heutigen Leserbrief möchte ich mich gerne auf den Artikel von Sebastian Konrad, der am 24.03.2016 in den Bad Wurzacher Nachrichten erschienen ist beziehen. In diesem Artikel ging es um die Frage, ob E-Books in Zukunft gedruckte Bücher ersetzen werden. Diese Sichtweise möchte ich in meinem Leserbrief unterstützen.

Der Begriff des E-Books, also des elektronischen Buches ist heutzutage für viele kein Fremdwort mehr und die Nutzung der E-Books ist unter uns Deutschen immer verbreiteter. Ich denke, dass Herr Konrad mit seiner Vermutung, E-Books werden in Zukunft gedruckte Bücher ersetzen, richtig liegt.

Wenn man es von einer rein ökologischen Perspektive betrachtet, sind E-Books grandios, um Ressourcen zu sparen. Sie produzieren nur wenig Müll und mit einem E-Book Reader können zahlreiche Bücher gelesen werden. Hierzu muss eine Person lediglich die entsprechende Datei kaufen. Die Einsparungen an Papier für den Druck von Büchern wird immens sein. Aber nicht nur Papier wird gespart. Auch physischer Platz in den Regalen der Menschen und Bibliotheken, in Büros, Reisetaschen und Rucksäcken wird reduziert.

Zudem wird das Ausleihen von Büchern und Zeitschriften vereinfacht. Es kann eine große Online-Datenbank an Büchern geben und wer sich ein Buch ausleiht, bezahlt dafür eine Gebühr und wird dann per Email daran erinnert, dass das Buch nur noch wenige Tage zum Lesen verfügbar sein wird. Dies spart Zeit für den Nutzer, da man nicht erst in die Bibliothek gehen muss, um das Buch auszuleihen oder wieder abzugeben.

Ein weiterer Vorteil von E-Readern ist, dass jeder auf seinem Reader persönliche Einstellungen vornehmen kann und so beispielsweise die Schriftgröße seinen Bedürfnissen anpassen kann. So können auch Menschen mit einer Sehschwäche jedes beliebige Buch lesen, da sie die Schriftgröße einfach entsprechend vergrößern können. Oftmals sind gerade diese Menschen eingeschränkt in den Büchern, die sie lesen können, da die Texte in herkömmlichen Büchern zu klein gedruckt sind und nur mithilfe einer Lupe gelesen werden können. Die E-Reader erlauben es allen entsprechend der eigenen Bedürfnisse zu lesen und Einstellungen können auch jederzeit verändert werden.

Insgesamt denke ich, dass es natürlich auch weiterhin gedruckte Bücher geben wird, allein all die Bücher, die wir momentan besitzen. Dennoch wird das E-Book das herkömmliche Buch

ersetzen und bald moderner und beliebter sein. Neue Bücher müssen dann nicht mehr in den Druck gehen, sondern werden in einem App-Store gekauft. Auf diese Veränderung bin ich gespannt und freue mich. Ich möchte alle ermutigen sich einmal ein E-Book Reader anzusehen und die Bedienung erklären zu lassen und bin mir sicher, dass viele Menschen überrascht sein werden, wie wunderbar diese Geräte sind.

Mike Mosbacher

Tipps und Hinweise

Um deine **Satzübergänge** abwechslungsreich zu formulieren, sind hier einige Möglichkeiten, die du nutzen kannst:

auch – außerdem – weiterhin – ferner – unter anderem – ebenfalls – dazu kommt – dies gilt auch – dies trifft auch zu auf – zudem muss man bedenken – obwohl – weiter – zusätzlich...

Für Beispiele und Begründungen kannst du folgende Wörter verwenden:

denn – daher – da – weil – zum Beispiel – das sieht/merkt/erkennt man daran, dass ... –weshalb – deshalb – das kann man auch daran erkennen, dass ... – dies belegt – aus diesem Grund – deshalb – weshalb – beispielsweise – ein Beispiel dafür ist ...

– Achte darauf durchgehend die gleiche Meinung zu vertreten.

– Nenne zu Beginn deines Leserbriefes Ort, Datum und einen Betreff und zum Ende deinen Namen.

– Achte auf einen sachlichen Sprachstil.

Das muss ich wissen

Ein **Leserbrief** beinhaltet eine Einleitung, in der du knapp darstellst, worauf du dich beziehst: Artikel, Erscheinungsdatum, Autor. Zudem werden der **Anlass** und das **Anliegen** deines Leserbriefs bekannt gegeben.

Im Hauptteil des Leserbriefs führst du dann deine **Argumente** für deine Meinung bzw. Sichtweise auf. Diese beginnen mit einer Behauptung, einer Begründung für diese und du unterlegst sie am besten mit Beispielen.

Im Schlussteil stellst du dann nochmals den **Standpunkt** heraus und kannst zu konkretem Handeln auffordern oder Vorschläge und Empfehlungen oder **Lösungen** anbieten.

4. Schulaufgabe – Ein Gedicht erschließen

Name: _____

Arbeitsauftrag

1. Lies dir das Gedicht „Die Stadt" von Theodor Storm durch.
2. Untersuche das Gedicht auf seinen Inhalt, sprachliche Besonderheiten und die Gedichtform. Gehe dabei nach den Regeln aus dem Unterricht und Schulbuch vor.

Beachte Folgendes …

- Eine klare und verständliche Sprache,
- eine korrekte Rechtschreibung und Zeichensetzung,
- eine saubere äußere Form!

Arbeitszeit: 60 Min.

Die Stadt

Am grauen Strand, am grauen Meer
und seitab liegt die Stadt;
der Nebel drückt die Dächer schwer,
und durch die Stille braust das Meer
eintönig um die Stadt.
Es rauscht kein Wald, es schlägt im Mai
kein Vogel ohn' Unterlaß;
die Wandergans mit hartem Schrei
nur fliegt in Herbstesnacht vorbei,
am Strande weht das Gras.
Doch hängt mein ganzes Herz an dir,
du graue Stadt am Meer;
der Jugend Zauber für und für
ruht lächelnd doch auf dir, auf dir,
du graue Stadt am Meer.

Von Theodor Storm

 **Viel Erfolg!**

Von 32 Punkten hast du ___ Punkte erreicht.

Note: ___

Lösung: 4. Schulaufgabe – Ein Gedicht erschließen

In dem Gedicht „Die Stadt" von Theodor Storm geht es um eine Stadt am Meer, die sehr grau und leblos erscheint, jedoch für das lyrische Ich eine Erinnerung an die Jugend darstellt und somit von Bedeutung ist.

Das Gedicht ist aufgeteilt in drei Strophen mit jeweils fünf Versen. Der erste, dritte und vierte Vers sowie der zweite und fünfte Vers jeder Strophe reimen sich.
In der ersten Strophe werden die graue, eintönige Stadt und ihre Lage am Meer beschrieben. In der zweiten Strophe kommt die Unterdrückung der Natur zum Vorschein, denn in der Stadt gibt es keinen Wald, keinen Vogel lediglich das Gras am Strand. In der dritten Strophe befindet sich dann der Höhepunkt des Gedichts in Vers 11 „Doch hängt mein ganzes Herz an dir". Der positive Bezug des lyrischen Ichs zu dieser Stadt wird nun deutlich, und die Strophe geht darauf ein, dass der jugendliche Zauber auf dieser Stadt liegt.

Dass der Höhepunkt in Vers 11 abgebildet ist, kann man daran bemerken, dass ab diesem Wendepunkt erstmals positiv über die Stadt gesprochen wird. Die Sprache wird emotionaler z.B. Vers 13 „Zauber" und Vers 14 „lächelnd". Die eigentliche Aussage des Gedichtes, nämlich die Liebe des lyrischen Ichs zu der Stadt wird in dieser Strophe auch deutlich.

Der Autor nutzt verschiedene sprachliche Mittel, um die Stimmung des Gedichtes wiederzugeben. In den ersten beiden Strophen beispielsweise nutzt er eine sehr bildhafte Sprache z.B. Vers 1 „grauer Strand", „graues Meer" oder Vers 8 „mit hartem Schrei". Auch Metaphern nutzt er wie in Vers 3 „der Nebel drückt die Dächer schwer" oder das Meer, dass durch die Stille braust (Vers 4 und 5). Diese sprachlichen Mittel verdeutlichen die triste, dunkle Stimmung der Stadt. Wie oben beschrieben verändert sich die Stimmung nach dem Höhepunkt bzw. Wendepunkt in Vers 11 ins Positive. Dies wird erneut durch sprachliche Mittel unterstrichen. Zum einen wird die Stadt nun direkt angesprochen vom lyrischen Ich. Was in Strophe 1 noch „die Stadt" (vgl. Vers 1, 5) wird nun vom lyrischen Ich mit Du angesprochen (vgl. Vers 12, 15). Der Autor nutzt einer Personifikation „der Jugend Zauber (...) ruht lächelnd" (Vers 13,14). Die Wiederholung in Vers 14 „auf dir, auf dir" erscheint wie ein Nachklingen der Worte, um deren Bedeutung zu untermalen. Der Wechsel von einer einsilbigen zu einer positiven Sprache wird hier sehr deutlich.

Abschließend lässt sich sagen, dass das Gedicht in seiner kurzen Form sehr emotional und aufgeladen ist. Es überbringt in den drei Strophen verschiedene Stimmungen und betont dabei die persönliche Beziehung des lyrischen Ichs zur Stadt.

Tipps und Hinweise

Oftmals werden in **Gedichten** sprachliche Bilder, ungewöhnliche Worte, auffällige Wortstellungen, ungewöhnlicher Satzbau genutzt, um eine bestimmte **Stimmung** oder den Inhalt des Gedichtes hervorzuheben und zu unterstreichen.

Einige sprachliche Bilder sind:

– **Metapher**: eine Metapher ist ein bildhafter Ausdruck, der eine übertragene Bedeutung hat z.B. *Rabeneltern, Schnee von gestern ...*

– **bildhafte Vergleiche**: ein bildhafter Vergleich dient dazu etwas zu veranschaulichen z.B. *rabenschwarz, fuchsteufelswild ...*

– **Personifikation**: ein Begriff, ein Gegenstand oder ein Tier wird als Menschlich dargestellt z.B. *Die Wälder schweigen*

Tipps und Hinweise

Es gibt in Gedichten verschiedene **Reimschemen**:

– **Paarreim**: Der Onkel lachte,
               die Parkbank krachte.

– **Kreuzreim**: Ein Mann erwachte,
               seine Frau dann sprach,
               Oh bitte beachte,
               gleich kommt Herr Pach.

– **Umrahmender Reim**: Frühling lässt sein blaues Band
                      wieder flattern durch die Lüfte,
                      süße, wohl bekannte Düfte,
                      streifen ahnungsvoll das Land.

Oftmals spricht in Gedichten ein **Ich** über etwas. Es erzählt von **Gedanken, Gefühlen,** Beobachtungen etc. Dieses **lyrische Ich** entspricht einer Erzählerin und darf nicht mit der Autorin bzw. dem Autor verwechselt werden.

Das muss ich wissen

Wenn du ein Gedicht erschließen möchtest, gilt es verschiedene Dinge zu beachten:

Inhalt

– fasse den Inhalt jeder Strophe kurz in eigenen Worten zusammen

– markiere dir wichtige Schlüsselbegriffe

Sprachliche Besonderheiten

– beschreibe die Sprachebene des Gedichtes

– schreibe die sprachlichen Bilder heraus und versuche sie zu deuten und mit eigenen Worten zu beschreiben

Gedichtform

– mache Aussagen zur Form des Gedichtes wie z.B.

    – Anzahl der Strophen und Verse

    – Reimschema

    – Betonung einzelner Verse und Wörter

    – Wiederholungen

    – Besonderheiten bei den Übergängen zwischen den Strophen

1. Grammatiktest

Name: _____

Arbeitsauftrag

1. Lies den kurzen Text durch und bestimme die Wortarten der unterstrichenen Wörter

Einen <u>Umzug</u> sollte man gut planen. Es ist wichtig frühzeitig anzufangen Dinge in Kisten zu packen und dabei direkt auszumisten. Oftmals haben sich <u>überall</u> in der Wohnung Sachen angesammelt, von denen man sich gut trennen kann. Wichtig ist es auch ein Umzugsunternehmen zu engagieren, damit am Tag des Umzugs alles <u>reibungslos</u> verläuft. Man sollte den Arbeitern die genaue Adresse mitteilen und <u>ihnen</u> Zugang zur Wohnung schaffen. Die neue Adresse ändert man am besten schon ca. 1-2 Wochen im Voraus <u>bei</u> allen möglichen Stellen wie z.B. Versicherung, Bank oder Freunden. Ist alles gut <u>geplant</u>, kostet der Umzug wenig Nerven und ist der Beginn für etwas Neues.

_____/6

2. Schreibe die folgenden Aussagen in indirekter Rede auf

a) Anton: „Ich finde das Buch total langweilig."

_____

b) Lissy: „Marie und ich sind gute Sängerinnen."

_____

c) Frau Jury: „Ihr müsst Euch mehr anstrengen!"

_____

d) Safi: „Der Vortrag ist sehr interessant."

_____

e) Lukas: „Tommy sieht richtig gut aus."

_____

_____/15

3. Partizipien: Unterstreiche alle Partizipien, die du in folgenden Sätzen finden kannst und sortiere sie in der Tabelle ein

Ihr Lieblingslied singend öffnete sie die Türe.

Die von uns gegründete Schüler-AG wird von vielen besucht.

Seine immerzu Socken strickende Großmutter wurde 90 Jahre alt.

Überzeugt von seiner Unschuld, lief er davon.

Der vorhin genannte Urlaubsort ist sehr beliebt.

Partizip I	Partizip II

_____/10

4. Relativsätze: Beschreibe die Menschen mit einem Relativsatz

a) Fußballer: _____

b) Bäcker: _____

c) Tänzerin: _____

d) Präsidentin: _____

e) Chef: _____

_____/10

5. Rechtschreibung: Schreibe den folgenden Text in richtiger Groß- und Kleinschreibung nochmals ab

WÄHREND DES STUDIUMS IN EINER WOHNGEMEINSCHAFT ZU WOHNEN IST WIRKLICH TOLL. ES GIBT VIELE GRÜNDE, DIE DAFÜR SPRECHEN DIES ZU TUN. ZUM EINEN LERNT MAN BEIM ZUSAMMENLEBEN MIT ANDEREN SICH SELBST UND DIE ANDEREN GUT KENNEN. DAS BRINGT VIEL GUTES MIT SICH. DAS SCHÖNSTE IST ALLERDINGS EINE KLEINE WAHLFAMILIE UM SICH ZU HABEN DIE EINEM DAS LEBEN DEUTLICH VERSÜßT.

_____

_____

_____

_____

_____

_____

_____

_____

_____/10

6. Vervollständige die Sätze mit den in Klammern angegebenen Zeitangaben. Achte auf die richtige Groß- und Kleinschreibung

Ich habe _____ (WOCHENLANG) auf diesen Moment gewartet und freue mich,

dass es _____ (HEUTE) endlich soweit ist.

Erst _____ (GESTERN ABEND) habe ich Marie am Telefon erzählt, wie

schön es ist, dass wir uns _____ (AM

DIENSTAGNACHMITTAG) treffen werden.

Möchtest du _____ (HEUTE ABEND) vorbei kommen? – Geht es

vielleicht auch _____ (MORGEN)?

_____ (AM MORGEN) klingt das Rauschen besonders schön.

Es war _____ (EINES NACHTS) als Marco plötzlich die zündende Idee

hatte.

Immer _____ (MONTAGS) gehe ich zum Schwimmen.

Warum bist du _____ (MORGENS) immer so schlecht drauf?

_____/10

Arbeitszeit: 60 Min.
Meinen Zeitzuschlag habe ich voll o , nicht o , teilweise o in Anspruch genommen.

Viel Erfolg!

Von 61 Punkten hast du ___ Punkte erreicht.
Note: ___

Lösung: 1. Grammatiktest

Arbeitsauftrag

1. Lies den kurzen Text durch und bestimme die Wortarten der unterstrichenen Wörter

Einen <u>Umzug</u> sollte man gut planen. Es ist wichtig frühzeitig anzufangen Dinge in Kisten zu packen und dabei direkt auszumisten. Oftmals haben sich <u>überall</u> in der Wohnung Sachen angesammelt, von denen man sich gut trennen kann. Wichtig ist es auch ein Umzugsunternehmen zu engagieren, damit am Tag des Umzugs alles <u>reibungslos</u> verläuft. Man sollte den Arbeitern die genaue Adresse mitteilen und <u>ihnen</u> Zugang zur Wohnung schaffen. Die neue Adresse ändert man am besten schon ca. 1-2 Wochen im Voraus <u>bei</u> allen möglichen Stellen wie z.B. Versicherung, Bank oder Freunden. Ist alles gut <u>geplant</u>, kostet der Umzug wenig Nerven und ist der Beginn für etwas Neues.

Umzug: *Nomen*
überall: *Lokaladverbiale*
reibungslos: *Adjektiv*
ihnen: *Personalpronomen*
bei: *Präposition*
geplant: *Verb*

Das muss ich wissen
Wortarten

- Der *bestimmte Artikel* wird verwendet, wenn die Person, die Sache oder das Ding, das bezeichnet wird, bekannt ist. Ein *unbestimmter Artikel* wird verwendet, wenn es unbekannt ist
- *Nomen* (Substantive) bezeichnen Lebewesen, Gegenstände und abstrakte Begriffe wie z.B. Gefühle, Handlungen oder Vorstellungen
- *Adjektive* sind Eigenschaftswörter. Sie geben an, wie Menschen, Tiere oder Dinge beschaffen sind oder zeigen auf welche Weise etwas geschieht
- *Verben* sind Tätigkeitswörter oder Tunwörter. Sie bezeichnen eine Tätigkeit, einen Zustand oder einen Vorgang
- *Pronomen* können an Stelle eines Nomens gebraucht werden oder es begleiten
  – Personalpronomen (z.B. *ich, du, er, sie, es, wir*...) ersetzen Nomen und Namen
  – Possessivpronomen (z.B. *mein, dein, sein*...) kennzeichnen den Besitz oder die Zugehörigkeit
  – Demonstrativpronomen: (z.B. *dieser, jene, der, die das*...) weisen oder zeigen auf etwas hin
  – Relativpronomen beziehen sich auf ein Nomen im Hauptsatz
  – Indefinitpronomen (z.B. *man, jemand, keiner, einige, manche* ...) drücken ungefähre Mengenangaben oder Unbestimmtheit aus
- *Präpositionen* stehen oft vor einem Pronomen oder Nomen und geben an, in welcher Beziehung Lebewesen, Dinge oder Vorgänge zueinander sind. Es gibt:
  – Präpositionen des Ortes →*lokale* (Frage: *Wo? Wohin?*)
  – Präpositionen der Zeit → *temporale* (Frage: *Wann?*)
  – Präpositionen der Art und Weise → *modale* (Frage: *Wie? Woraus?*)
  – Präpositionen des Grundes → *kausale* (Frage: *Warum?*)

- *Konjunktionen* verbinden Sätze und Satzglieder:
  – Nebengeordnete Konjunktionen leiten einen Hauptsatz ein z.B. *denn, doch, aber, und*
  – Untergeordnete Konjunktionen leiten einen Nebensatz ein z.B. *weil, da, dass, damit*
- *Adverbien* beziehen sich auf das Verb eines Satzes und beschreiben genauere Umstände eines Geschehens. Es gibt:
  – *Temporaladverbien* → Zeit: Wann? (z.B. *neulich, gestern, danach...*)
  – *Lokaladverbien* → Ort: Wo? (z.B. *rechts, überall, draußen...*)
  – *Modaladverbien* → Art und Weise: Wie? (z.B. *umsonst, gern, sowieso…*)
  –*Kausaladverbien* → Grund: Warum? (z.B. *deshalb, darum, deswegen...*)

2. Schreibe die folgenden Aussagen in indirekter Rede auf

a) Anton: „Ich finde das Buch total langweilig."

Anton sagt, er finde das Buch total langweilig.

b) Lissy: „Marie und ich sind gute Sängerinnen."

Lissy erklärt, sie und Marie seien gute Sängerinnen.

c) Frau Jury: „Ihr müsst Euch mehr anstrengen!"

Frau Jury warnt, sie müssen sich mehr anstrengen.

d) Safi: „Der Vortrag ist sehr interessant."

Safi berichtet, der Vortrag sei sehr interessant.

e) Lukas: „Tommy sieht richtig gut aus."

Lukas findet, Tommy sehe richtig gut aus.

Tipps und Hinweise

Nutze verschiedene Verben, um die **indirekte Rede** wiederzugeben:

sagen – mitteilen – berichten – erklären – meinen – rufen – warnen – schreien – nennen ...

<u>Achtung</u>: Bei der Umformulierung von der direkten zur indirekten Rede verändert sich oftmals das Personalpronomen!

Das muss ich wissen

Die **indirekte Rede** nutzt du, um wörtliche Aussagen wiederzugeben. Hierbei werden Verben, die in der wörtlichen, direkten Rede im **Indikativ** (also der Wirklichkeitsform) stehen in den **Konjunktiv** (also die Möglichkeitsform) umgesetzt.

Den **Konjunktiv I** bildest du, indem du den Stamm des Verbes und die entsprechende Personalendung verwendest:

Infinitiv ohne *-en* bzw. *-n* plus Endung

Hier sind die Endungen

ich: *-e*   du: *-est*   er/sie/es: *-e*   wir: *-en*   ihr: *-et*   sie: *-en*

Beispiel: hören

Infinitiv ohne *-en* plus jeweilige Endung

ich hör-*e*   du hör-*est*   er/sie/es hör-*e*   wir hör-*en*   ihr hör-*et*   sie hör-*en*

Falls die direkte Rede in der Vergangenheit steht, wird in der indirekten Rede die Konjunktivform von *haben* oder *sein* und das *Partizip II* genutzt.

z.B. Larissa: „Ich war dort." → *Larissa sagt, sie sei dort gewesen.*

Moritz: „Ich habe geschlafen." → *Moritz sagt, er habe geschlafen.*

Manchmal lässt sich die **Verbform des Konjunktiv I** nicht vom **Indikativ Präsens** unterscheiden. Dann kann man eine Ersatzform des Konjunktivs I verwenden: z.B. „Wir trinken jeden Tag Kaffee." → *Sie behaupten, sie trinken jeden Tag Kaffee.*

Es gibt folgende Ersatzformen:

– indirekte Rede mit der Ersatzform würden: *Sie behaupten, sie würden jeden Tag Kaffee trinken.*

– Indikativ mit „dass-Satz": *Sie behaupten, dass sie jeden Tag Kaffee trinken.*

– Indirekte Rede mit dem Konjunktiv II: *Sie behaupten, sie tränken jeden Tag Kaffee.*

Der **Konjunktiv II** wird gebildet aus der Präteritumsform des Wortes (plus Umlaut) z.B. trinken: Präteritum: *ich trank*

Konjunktiv II:

ich tränk-*e*   du tränk-*est*   er/sie/es tränk-*e*   wir tränk-*en*   ihr tränk-*et*   sie tränk-*en*

Falls **Präteritum und Konjunktiv II gleich** sind oder der Konjunktiv zu altmodisch klingt, kann man mit „*würde*" umschreiben.

---

3. Partizipien: Unterstreiche alle Partizipien, die du in folgenden Sätzen finden kannst und sortiere sie in der Tabelle ein

Ihr Lieblingslied *singend* öffnete sie die Türe.

Die von uns *gegründete* Schüler-AG wird von vielen besucht.

Seine immerzu Socken *strickende* Großmutter wurde 90 Jahre alt.

Überzeugt von seiner Unschuld, lief er davon.

Der vorhin *genannte* Urlaubsort ist sehr beliebt.

Partizip I	Partizip II
singend	*gegründete*
strickende	*genannte*
überzeugt	

Das muss ich wissen

Es gibt sowohl das **Partizip I (Präsens)** als auch das **Partizip II (Perfekt)**. Diese kann man als Partizipialattribute gebrauchen z.B. *die singende Schülerin, der dampfende Kochtopf, das gesprochene Wort.*

Oftmals werden **Partizipialattribute** bzw. **Partizipialsätze** genutzt, um Nebensätze zu verkürzen: z.B. *Während sie ihr Lieblingslied singt, öffnet sie die Türe. Ihr Lieblingslied singend, öffnet sie die Türe.*

Partizipialsätze können prinzipiell immer mit einem **Komma** abgetrennt werden, müssen dies jedoch nicht.

4. Relativsätze: Beschreibe die Menschen mit einem Relativsatz

a) Fußballer: Ein Fußballer ist jemand, der in einem Team gut klarkommen muss.

b) Bäcker: Ein Bäcker ist jemand, der morgens früh aufstehen muss.

c) Tänzerin: Eine Tänzerin ist jemand, die sehr flexibel und dehnbar sein muss.

d) Präsidentin: Eine Präsidentin ist jemand, die Verantwortung für eine Gesellschaft übernehmen muss.

e) Chef: Ein Chef ist jemand, der gut organisiert sein muss.

5. Rechtschreibung: Schreibe den folgenden Text in richtiger Groß- und Kleinschreibung nochmals ab

WÄHREND DES STUDIUMS IN EINER WOHNGEMEINSCHAFT ZU WOHNEN IST WIRKLICH TOLL. ES GIBT VIELE GRÜNDE DIE DAFÜR SPRECHEN DIES ZU TUN. ZUM EINEN LERNT MAN BEIM ZUSAMMENLEBEN MIT ANDEREN SICH SELBST UND DIE ANDEREN GUT KENNEN. DAS BRINGT VIEL GUTES MIT SICH. DAS SCHÖNSTE IST ALLERDINGS EINE KLEINE WAHLFAMILIE UM SICH ZU HABEN DIE EINEM DAS LEBEN DEUTLICH VERSÜßT.

Während des Studiums in einer Wohngemeinschaft zu wohnen ist wirklich toll. Es gibt viele Gründe die dafür sprechen dies zu tun. Zum einen lernt man beim Zusammenleben mit anderen sich selbst und die anderen gut kennen. Das bringt viel Gutes mit sich. Das Schönste ist allerdings eine kleine Wahlfamilie um sich zu haben die einem das Leben deutlich versüßt.

Das muss ich wissen

Nomen schreibt man groß. Aber auch andere Wörter werden groß geschrieben, wenn sie wie Nomen gebraucht werden. Sie haben als Begleiter

– einen **Artikel** wie *z.B. das Größte*

– eine **Präposition**, die mit einem Artikel verschmolzen ist wie *z.B. beim (bei dem) Laufen*

– ein **Adjektiv** wie *z.B. genaues Betrachten*

– ein **Pronomen** wie *z.B. euer Meckern*

– eine **Mengenangabe** wie *z.B. nichts Schlimmes*

---

6. Vervollständige die Sätze mit den in Klammern angegebenen Zeitangaben. Achte auf die richtige Groß- und Kleinschreibung

Ich habe *wochenlang* (WOCHENLANG) auf diesen Moment gewartet und freue mich, dass es *heute* (HEUTE) endlich soweit ist.

Erst *gestern Abend* (GESTERN ABEND) habe ich Marie am Telefon erzählt, wie schön es ist, dass wir uns *am Dienstagnachmittag* (AM DIENSTAGNACHMITTAG) treffen werden.

Möchtest du *heute Abend* (HEUTE ABEND) vorbei kommen? – Geht es vielleicht auch *morgen* (MORGEN)?

Am Morgen (AM MORGEN) klingt das Rauschen besonders schön.

Es war *eines nachts* (EINES NACHTS) als Marco plötzlich die zündende Idee hatte.

Immer *montags* (MONTAGS) gehe ich zum Schwimmen.

Warum bist du *morgens* (MORGENS) immer so schlecht drauf?

Das muss ich wissen

Bei **Zeitangaben** muss man auf die **Rechtschreibung** achten.

Sind es **Nomen**, werden sie großgeschrieben → *Wochentage, Tageszeiten*

Wenn ihnen ein **Artikel** voraus geht → *der Morgen*

Wenn ihnen eine **Präposition** voraus geht → *am Donnerstagvormittag*

Wenn ihnen ein **Zeitadverb** voraus geht → *heute Abend*

Ansonsten werden Zeitadverbien kleingeschrieben → *gestern, wochenlang, spät, nie, immer...*

oder wenn sie auf *-s* enden: *morgens, mittags, abends...*

---

2. Grammatiktest

Name: _____

Arbeitsauftrag

1. Unterteile den Satz durch Querstriche (/) in seine einzelnen Satzglieder und stelle ihn anschließend um, ohne dass sich der Sinn des Satzes verändert

a) Die entzückende Frau erzählte einer alten Dame die spannende Geschichte ihres Großvaters.

_____

_____

b) Die 17-jährige Marie reiste zusammen mit ihrer Freundin von Mainz nach Mailand.

_____

_____

_____/8

2. Suche im folgenden Text alle Attribute heraus. Bestimme sie genau

Die Lieblingshose meiner Tochter ist in der Wäsche. Der bunte Wäschehaufen macht sich leider nicht von selbst. Also hole ich mir Hilfe. Maren, unsere Haushaltshilfe, kümmert sich nun auch um die anfallende Wäsche. Die Geschichte ohne Pointe ist also zu Ende.   _____/10

3. Formuliere die Wortschnipsel in Wünsche um. Nutze dafür den Konjunktiv II

a) schön – du – pünktlich kommen – morgen

_____

b) du – öfter – lachen

_____

c) diese Woche – schneien

_____

d) toll – Anna – Kuchen backen

_____

_____/12

4. Zeichensetzung: Füge alle fehlenden Satzeichen deutlich im Text hinzu

Der Deal

In unserer Klasse gibt es seit kurzem einen Deal. Jeder Schüler hat die Möglichkeit ein Referat zu halten um seine Note zu verbessern. Momentan warten wir darauf die Genehmigung vom

Schulleiter zu bekommen. Frau Maier unsere Lehrerin hatte den Plan den Klassenschnitt anzuheben. Somit sind wir Schüler aktiv anstatt uns über die Zeugnisnoten zu ärgern. Jetzt müssen nur die Termine gut eingeteilt werden damit alle zufrieden sind.

_____/7

5. Pronominale Verknüpfungen: Verknüpfe die Sätze und vermeide dabei die Wiederholung von Nomen

a) Das Mädchen ging zum Zahnarzt. Das Mädchen trug ein blaues Sommerkleid.

_____

_____

b) Meine Brüder gründeten einen Verein. Der Verein kümmert sich um minderjährige Geflüchtete.

_____

_____

c) Die Baustellenaufsicht überbrachte die Pläne am Sonntag. Die Pläne waren bis aufs kleinste Detail fertig gestellt.

_____

_____

d) Daniele Bengotti ist neu in unserer Straße. Daniele kommt aus Italien.

_____

_____

e) Mein neues Notizheft hat ein Blumenmuster. Mein neues Notizbuch habe ich im Bücherhafen gekauft.

_____

_____

_____/10

6. Zahlwörter: Ersetze die Zahlen aus dem Text durch Zahlwörter. Achte auf die richtige Groß- und Kleinschreibung

Im Alter von _____ (6) bis _____ (12) Jahren spielte er Trompete. Etwa _____ (1/4) seiner Freizeit verbrachte er damit Musik zu machen. Im Schulfach Musik hatte er oft die Note _____ (1) oder _____ (2). Seine Eltern waren darauf sehr stolz, denn er gehörte zu den besten _____ (50) Prozent der Klasse. Mit den _____ (800) Euro, die er von seinem Opa erbte, wollte er sich als _____ (1stes) eine neue Trompete kaufen. Bei einem Musikwettbewerb wurde er damit _____ (3ter). Das freute ihn und sein Ziel war es im nächsten Jahr auf dem _____ (2ten) Platz zu landen.

_____ /10

Arbeitszeit: 60 Min.

Meinen Zeitzuschlag habe ich voll o , nicht o , teilweise o in Anspruch genommen.

Viel Erfolg!

Von 57 Punkten hast du ____ Punkte erreicht.

Note: ____

Lösung: 2. Grammatiktest

1. Unterteile den Satz durch Querstriche (/) in seine einzelnen Satzglieder und stelle ihn anschließend um, ohne dass sich der Sinn des Satzes verändert

a) Die entzückende Frau erzählte einer alten Dame die spannende Geschichte ihres Großvaters.

Die entzückende Frau /erzählte /einer alten Dame / die spannende Geschichte ihres Großvaters.

Die spannende Geschichte ihres Großvaters erzählte die entzückende Frau einer alten Dame.

Oder

Einer alten Dame erzählte die entzückende Frau die spannende Geschichte ihres Großvaters.

b) Die 17-jährige Marie reiste zusammen mit ihrer Freundin von Mainz nach Mailand.

Die 17-jährige Marie / reiste / zusammen mit ihrer Freundin / von Mainz nach Mailand.

Von Mainz nach Mailand reiste die 17-jährige Marie zusammen mit ihrer Freundin.

Oder

Zusammen mit ihrer Freundin reiste die 17-jährige Marie von Mainz nach Mailand.

Tipps und Hinweise

Es gibt hier jeweils 2 Punkte, wenn du die Satzglieder richtig erkannt hast und 2 Punkte für einen richtig umgestellten Satz.

---

2. Suche im folgenden Text alle Attribute heraus. Bestimme sie genau

Die Lieblingshose <u>meiner Tochter</u> ist in der Wäsche. Der <u>bunte</u> Wäschehaufen macht sich leider nicht von selbst. Also hole ich mir Hilfe. Maren, <u>unsere Haushaltshilfe</u>, kümmert sich nun auch um die <u>anfallende</u> Wäsche. Die Geschichte <u>ohne Pointe</u> ist also zu Ende.

meiner Tochter: *Genitivattribut*

bunte: *Adjektivattribut*

unsere Haushaltshilfe: *Apposition*

anfallende: *Adjektivattribut*

ohne Pointe: *Präpositionalattribut* ____/10

Tipps und Hinweise

Für das richtige Erkennen der Attribute gibt es pro Attribut einen Punkt. Eine richtige Beschreibung ergibt dann jeweils einen zweiten Punkt. Wurden falsche Wörter angestrichen gibt dies Punkteabzug.

Das muss ich wissen

Attribute nutzt man um ein Bezugswort durch zusätzliche Informationen näher zu Beschreiben. Es gibt verschiedene Arten von Attributen:

Adjektivattribute, Partizipialattribute wie *z.B. der komische Witz, der gelesene Artikel*

Präpositionalattribute wie *z.B. der Turm von Pisa, die Geschichte ohne Ende*

Genitivattribute wie *z.B. der Lieblingskuchen meiner Oma, die Folgen der Untersuchung*

Appositionen wie *z.B. Marcus, der Handwerker, klopfte an die Türe*

Wichtig ist es, dass Attribute zu ihrem Bezugswort gehören. Bei der Umstellprobe können sie nicht von diesem getrennt werden. Sie sind also ein **Teil des Satzgliedes**.

---

3. Formuliere die Wortschnipsel in Wünsche um. Nutze dafür den Konjunktiv II

a) schön – du – pünktlich kommen – morgen

Es wäre schön, wenn du morgen pünktlich kämest.

b) du – öfter – lachen

Ich wünsche mir, du würdest öfter lachen.

c) diese Woche – schneien

Ich wünsche mir, es würde diese Woche schneien.

d) toll – Anna – Kuchen backen

Es wäre toll, wenn Anna den Kuchen backen würde.

Das muss ich wissen

Der **Konjunktiv II** wird gebildet aus der Präteritumsform des Wortes (plus Umlaut)
z.B. trinken: Präteritum: *ich trank*

Konjunktiv II:

ich tränk-*e*   du tränk-*est*   er/sie/es tränk-*e*   wir tränk-*en*   ihr tränk-*et*   sie tränk-*en*

Falls **Präteritum und Konjunktiv II gleich** sind oder der Konjunktiv zu altmodisch klingt, kann man mit *„würde"* umschreiben.

---

4. Zeichensetzung: Füge alle fehlenden Satzeichen deutlich im Text hinzu

Der Deal

In unserer Klasse gibt es seit kurzem einen Deal. Jeder Schüler hat die Möglichkeit ein Referat zu halten um seine Note zu verbessern. Momentan warten wir darauf die Genehmigung vom Schulleiter zu bekommen. Frau Maier unsere Lehrerin hatte den Plan den Klassenschnitt anzuheben. Somit sind wir Schüler aktiv anstatt uns über die Zeugnisnoten zu ärgern. Jetzt müssen nur die Termine gut eingeteilt werden damit alle zufrieden sind.

Der Deal

In unserer Klasse gibt es seit kurzem einen Deal. Jeder Schüler hat die Möglichkeit ein Referat zu halten, um seine Note zu verbessern. Momentan warten wir darauf, die Genehmigung vom Schulleiter zu bekommen. Frau Maier, unsere Lehrerin, hatte den Plan, den Klassenschnitt anzuheben. Somit sind wir Schüler aktiv, anstatt uns über die Zeugnisnoten zu ärgern. Jetzt müssen nur die Termine gut eingeteilt werden, damit alle zufrieden sind.

Das muss ich wissen

Bei diesen Sätzen handelt es sich um **Infinitivsätze**. Diese müssen durch ein **Komma** abgetrennt werden, wenn sie

– durch *um, ohne, statt, anstatt, außer, als* eingeleitet werden.

– von hinweisenden Wörtern wie *daran, darauf, damit, davon, dazu,* es abhängt.

– von einem **Nomen** abhängt.

5. Pronominale Verknüpfungen: Verknüpfe die Sätze und vermeide dabei die Wiederholung von Nomen.

a) Das Mädchen ging zum Zahnarzt. Das Mädchen trug ein blaues Sommerkleid.

Das Mädchen, das zum Zahnarzt ging, trug ein blaues Sommerkleid.

Das Mädchen ging zum Zahnarzt. Sie trug ein blaues Sommerkleid.

b) Meine Brüder gründeten einen Verein. Der Verein kümmert sich um minderjährige Geflüchtete.

Meine Brüder gründeten einen Verein. Dieser kümmert sich um minderjährige Geflüchtete.

Der Verein, den meine Brüder gründeten, kümmert sich um minderjährige Geflüchtete.

c) Die Baustellenaufsicht überbrachte die Pläne am Sonntag. Die Pläne waren bis aufs kleinste Detail fertig gestellt.

Die Pläne, die bis aufs kleinste Detail fertig gestellt waren, wurden von der Baustellenaufsicht am Sonntag überbracht.

d) Daniele Bengotti ist neu in unserer Straße. Daniele kommt aus Italien.

Daniele Bengotti ist neu in unserer Straße. Er kommt aus Italien.

Daniele Bengotti, der aus Italien kommt, ist neu in unserer Straße.

e) Mein neues Notizheft hat ein Blumenmuster. Mein neues Notizbuch habe ich im Bücherhafen gekauft.

Mein neues Notizbuch, das ich im Bücherhafen gekauft habe, hat ein Blumenmuster.

Mein neues Notizbuch habe ich im Bücherhafen gekauft. Es hat ein Blumenmuster.

Tipps und Hinweise

Natürlich musst du nur jeweils eine korrekte Antwort angeben. Achte auf die **Kommasetzung** bei den **verknüpften Sätzen**.

Das muss ich wissen

Um den Zusammenhang von zwei (oder mehreren Sätzen) zu verdeutlichen, kann man **pronominale Verknüpfungen** nutzen. Somit können Wiederholungen von Nomen vermieden werden.

Du kannst

– **Satzgefüge** mit einem **Relativsatz oder Relativpronomen** verwenden.

– **Personalpronomen, Possessivpronomen** oder **Demonstrativpronomen** verwenden.

6. Zahlwörter: Ersetze die Zahlen aus dem Text durch Zahlwörter. Achte auf die richtige Groß- und Kleinschreibung

Im Alter von *sechs* (6) bis *zwölf* (12) Jahren spielte er Trompete. Etwa *ein Viertel* (1/4) seiner Freizeit verbrachte er damit Musik zu machen. Im Schulfach Musik hatte er oft die Note *Eins* (1) oder *Zwei* (2). Seine Eltern waren darauf sehr stolz, denn er gehörte zu den besten *fünfzig* (50) Prozent der Klasse. Mit den *achthundert* (800) Euro, die er von seinem Opa erbte, wollte er sich als *erstes* (1stes) eine neue Trompete kaufen. Bei einem Musikwettbewerb wurde er damit *Dritter* (3ter). Das freute ihn und sein Ziel war es im nächsten Jahr auf dem zweiten (2ten) Platz zu landen.

Das muss ich wissen

Beachte bei der **Schreibweise von Zahlenwörtern** Folgendes:

– **Bruchzahlen** und **Ordnungszahlen**, die als Nomen gebraucht werden, schreibt man groß: *ein Viertel der Kinder, er wurde Sechster*

– Auch **Grundzahlen**, die als **Nomen** gebraucht werden, schreibt man groß, wenn sie Ziffern bezeichnen: *eine Fünf in Englisch*

– **Alle anderen Grundzahlen** werden klein geschrieben: sie war siebzehn als sie ein Handy bekam

Monika und Claus Arndt aus Waldtrudering geben im Eigenverlag Lernhilfen für Schüler heraus

Die Durchblick-Garanten

Die Tage sind gezählt bis zu den Sommerferien. Nicht alle Schüler jedoch tun sechs Wochen lang nichts für die Schule. Und es gibt so einige Eltern, die sich jetzt schon fürs neue Schuljahr rüsten. Viele von ihnen landen bei Monika und Claus Arndt aus Waldtrudering. Das Ehepaar gibt Hefte mit Schulproben für Grundschüler und Schulaufgaben für Gymnasiasten und Realschüler heraus. Kinder und Jugendliche können sich mit ihren Durchblicker-Aufgaben auf Prüfungen vorbereiten.

Im Keller der Familie Arndt im Birkhahnweg in Waldtrudering läuft der Drucker. In den Regalen stapeln sich ordentlich die Ausdrucke. Ihre Bestellungen erreichen Monika und Claus Arndt meist spät abends. Nach Ladenschluss schicken Buchhändler noch ihre Bestellliste ab, so auch an den Durchblicker Verlag in Waldtrudering. Viele Jahre lang haben die Arndts im Keller Schülern Nachhilfeunterricht gegeben. Vor fünf Jahren haben sie einen Verlag gegründet und verkaufen seitdem Bücher mit typischen Schulaufgaben für bayerische Schüler. Derzeit, kurz vor den Sommerferien und vor allem dann im September, sei die Nachfrage besonders groß. „Wir haben ein saisonales Geschäft", sagt Claus Arndt schmunzelnd. Bevor es in die Ferien geht oder zum Start ins neue Schuljahr, bestellen Schüler und ihre Eltern die Durchblicker-Schulaufgaben.

Der Mathematiker sattelte aufs Lehramt um

Die Arndts haben sozusagen eine Marktlücke entdeckt: Verlage bieten zwar immer mehr Lernhilfen für Schüler an. Doch die Arndts haben ihre Ausgaben auf die jeweiligen Schultypen und auf die neuen Lehrpläne in Bayern zugeschnitten. So läuft und läuft ihr Drucker. „Volltreffer!", hat ihnen ein Schüler geschrieben, „drei Aufgaben in meiner Schulaufgabe waren genau wie die aus Ihrem Buch!" Und eine Buchhändlerin lässt sie wissen: „Ich empfehle die Reihe immer weiter. Sie haben in mir einen Fan gefunden."
Wie aber kommt es, dass die beiden Waldtruderinger so einen guten Riecher haben, wie Lehrer ihre Schulaufgaben gestalten und was sie wollen? Claus Arndt war als Diplom-Mathematiker in der EDV-Branche

Monika und Claus Arndt im Keller ihres Waldtruderinger Hauses. Dort drucken sie ihre Durchblicker-Schulaufgaben. Jahrelang haben sie zudem Nachhilfeunterricht gegeben, mittlerweile konzentrieren sie sich auf ihr Verlagsgeschäft. Ihre Schulaufgaben sind im Buchhandel zu finden und helfen Schülern bei der Lösung von Schulaufgaben. *Fotos: Panthermedia/ve/kn*

beschäftigt. Bis 2004. Da hieß es: „Wer gehen wolle, könne gehen." Der Waldtruderinger Vater zweier Söhne ließ sich das nicht zwei Mal sagen. Händeringend wurde damals nach Lehrern gesucht. So sattelte der Mathematiker kurzerhand um und unterrichtete fortan an der Realschule in Dachau und am Neuperlacher Heinrich-Heine-Gymnasium Mathe. Damit nicht genug. Zuhause im Keller eröffnete er mit seiner Frau Monika ein Lernstudio für Schüler. Claus Arndt gab Nachhilfe in Mathematik. Seine Frau in Englisch, Deutsch und Französisch. „Für Physik und Latein beschäftigten wir noch weitere Nachhilfelehrer", erzählt Claus Arndt. Die Waldtruderinger Familien nahmen das Angebot gerne an: Bei den Arndts gab es Nachhilfe für den Achtklässler, der darum kämpfte, wegen Mathe bloß nicht durchzufallen.

Ein anderer Bub, ein Grundschüler, konnte partout nicht stillsitzen. „Ich ließ ihn hier unten auf einem kleinen Trampolin auf- und abspringen und fragte ihn dabei das Einmaleins ab", erzählt Claus Arndt. Ebenso ackerten gleich mehrere Schüler in einem Crashkurs, um in ihrer Abschlussprüfung eine bessere Note zu bekommen.

Nachhilfeunterricht von 13 bis 20 Uhr

Vier Jahre lang büffelten die Nachhilfelehrer mit ihren Schützlingen Stunde für Stunde im Keller. „Unseren Höhepunkt hatten wir im Jahr 2008, da saßen wir von 13 bis 20 Uhr in unserem Lernstudio, die Nachfrage in Waldtrudering und Umgebung war einfach so groß", erinnert sich Claus Arndt. Was ist das Arndtsche

Erfolgsrezept? Die Arndts lösen mit ihren Schülern Schulaufgaben, erarbeiten Musterlösungen und korrigieren die Antworten gemeinsam. „Diese Klassenarbeiten denken wir uns selbst aus", sagt Claus Arndt. Im Laufe der Jahre haben sie ein Gespür dafür entwickelt, welche Aufgabentypen drankommen können — „wie die Lehrer ticken".
Schulaufgaben zu entwickeln, das machte Claus Arndt bald nicht nur für seine Nachhilfeschüler im Münchner Osten. Für die Verlage Klett und Cornelsen modifizierte er Schulaufgaben. „Doch die Lehrpläne variieren von Bundesland zu Bundesland", erzählt der Klausuren-Profi. Und so schlug man ihm vor, für Bayern einfach selbst Schulaufgaben herauszugeben. Im Eigenverlag.
Claus Arndt hatte ja mit seiner Frau Monika kompetente

Hilfe an seiner Seite. Denn vor allem sie war es, die in ganz Bayern Buchhändler abklapperte, um Werbung für die Durchblicker-Schulaufgaben zu machen. Mehr noch: Monika Arndt hatte als Autorin bereits Ernährungsbücher für Kinder veröffentlicht, hatte unter anderem beim Stark-Verlag über Produktion sowie Inhalt von Lernhilfen viele Erfahrungen gesammelt und als Lektorin gearbeitet. Sie knöpfte sich nun die Fächer Deutsch, Französisch und Englisch vor und arbeitete ebenso Schulaufgaben aus. Zudem sei es für sie als Schulaufgaben-Entwickler mit Einführung des G8 leichter geworden: „Alles ist systematischer und strukturierter, ich kann eher abschätzen, was in einer Klassenarbeit drankommt", sagt Claus Arndt.

Neu im Angebot sind Proben für Grundschüler

Mittlerweile haben sie eine breite Palette mit 57 verschiedenen Ausgaben im Angebot: Ob für Gymnasiasten Mathe-Schulaufgaben von der fünften bis hoch zur zwölften Klasse oder für Realschüler Englisch-Schulaufgaben. „Und neu und sehr beliebt sind unsere Schulproben in Mathe, Deutsch und HSU für Dritt- und Viertklässler", sagt Monika Arndt. „Die sind immer mehr unsere Renner!" Als Verlag profitieren sie von dem wachsendem Druck, der schon auf Grundschüler ausgeübt werde. „Eltern wollen unbedingt, dass ihr Kind einen Notendurchschnitt von 2,33 beim Übertrittszeugnis in der vierten Klasse hat, damit es aufs Gymnasium gehen kann", sagt Claus Arndt. „Das ist oft zu viel des Guten." Er weiß, wovon er spricht. Er hat in all den Jahren in seinem Lernstudio viele Kinder kennengelernt. „Oft haben wir gemerkt, welch großen Druck Eltern auf ihr Kind ausüben können." Natürlich müssen sich jedes Kind auf Tests in der Schule vorbereiten. Doch als Eltern zweier Söhne, 1993 und 1996 geboren, wissen sie eben auch, dass ein Kind nicht zu viel lernen dürfe. „Wer für eine Schulaufgabe mit zwei unserer Aufgaben übt, dem reicht das meist", behauptet Monika Arndt.
Den beiden Schulaufgaben- und Nachhilfe-Profis geht es vor allem darum, Schüler besser auf das vorzubereiten, was sie bei einer Probe erwartet. „Angst und Nervosität legen sich schnell, wenn Schüler ähnliche Aufgaben kennen und bereits bearbeitet haben", sagt Claus Arndt.

Verena Rudolf

Mehr Durchblick für Schüler

Claus und Monika Arndt produzieren Lernhefte im heimischen Keller in Waldtrudering

VON LAURA MÜLLER

Vielen Kindern graut es vor der Schule. Häufig sind sie unmotiviert und wissen nicht, wie sie sich auf Tests und Schularbeiten vorbereiten sollen. Für diese Problematik gibt es eine Menge Nachhilfelehrer und Bücher, die helfen sollen. Einer der Verlage, die solche Bücher, oder vielmehr Hefte, produzieren, ist der Durchblicker Verlag – ein kleiner Buchverlag, der nur aus dem Ehepaar Claus und Monika Arndt besteht. Er hat sich auf Schulaufgaben und ihre Lösungen spezialisiert. Die Arndts produzieren die Hefte im heimischen Keller in Waldtrudering.

**Auf den jungen
Schülern lastet eine
Menge Druck,
sagen die Arndts**

Claus Arndt, ein ehemaliger Software-Ingenieur, hat den Verlag vor fünf Jahren gegründet. Angefangen hat alles damit, dass Claus Arndt anfing, Nachhilfe zu geben. Als die Kinder kamen, wollte ich nicht ständig unterwegs sein", erzählte er. "Also habe ich meinen Job gekündigt und Nachhilfe gegeben." Die Schüler kamen gerne zu Claus Arndt, so wurde die Nachfrage irgendwann zu groß. Die Arndts gaben das Lernbüro auf und fingen an, Bücher mit verschiedenen Schulen. Weil er selbst mal als Lehrer arbeitete, weiß er, was andere Lehrer erwar-

Die Nachfrage ist groß: Im Keller von Monika und Claus Arndt stapeln sich die Lernhefte des heimischen Verlags.

Die Hefte des Durchblicker-Verlags: Insgesamt 58 Lerntrainer haben die Arndts schon herausgebracht.

FOTOS: ASTRID SCHMELZER

te, doch im vergangenen Jahr waren es schon 20000. Insgesamt haben sie 58 Bücher verfasst und herausgebracht. Die Arndts sehen sich mittlerweile als "ernst zu nehmende Konkurrenz" für den renommierten Stark-Verlag. Dessen rote Übungsbücher stehen bei vielen Schülern im Regal.

Claus Arndt sammelt seit der Umstellung auf das G8 Schulaufgaben von verschiedenen Schulen. Weil er selbst mal als Lehrer arbeitete, weiß er, was andere Lehrer erwar-

ten. Claus und Monika Arndt orientieren sich bei ihren Aufgaben immer an dem neusten Stand der Lehrpläne.

Als die Arndts ihren Verlag gründeten, klapperten sie alle möglichen Büchereien ab, um ihre Bücher präsentieren zu können. Monika Arndt hat schon vorher als Lektorin und Autorin gearbeitet. Sie kennt sich in der Branche aus und weiß, wie man hier etwas erreicht. Heute liegen die Bücher des Durchblicker-Verlags etwa in Hugendubel- und

Thalia-Filialen aus. "Wir freuen uns, dass unsere Bücher so gut ankommen", sagt Claus Arndt. Am besten verkaufen sich laut den Arndts die Lerntrainer für die Grundschule sowie für die 5. und 6. Klasse Gymnasium. Das verwundert Claus Arndt nicht. "Auf den jungen Schülern lastet schon eine Menge Druck."

**Am besten verkaufen
sich die Lerntrainer
für Grundschule und
5. und 6. Klasse**

Als die Arndts die Bücher in immer größerer Stückzahl verkauften, stellte sich die Frage, wie sie die Lerntrainer weiter produzieren wollen. Sie entschieden sich, die Bücher selbst zu drucken. "Alles ist handproduziert, das ist unser Markenzeichen", sagt Monika Arndt.

Sie legen Wert darauf, dass ihre Aufgaben schulnah sind und so auch wirklich abgefragt werden könnten. "Außerdem ist es wichtig für uns, die Schüler für das Lernen zu motivieren. Häufig schreiben Kinder schlechte Noten, weil sie zu wenig Selbstvertrauen haben", sagt Claus Arndt. "Wenn die Kinder mit unseren Schultrainern lernen, erkennen sie Aufgaben aus dem Unterricht wieder, das gibt ihnen ein Erfolgserlebnis und motiviert sie." Natürlich könnten die Bücher keine schon vorher entstandenen Wissenslücken schließen, "aber sie helfen, zu vertiefen und zu wiederholen."

Neuerscheinungen

Schulaufgaben von bayerischen Realschulen

978-3-943703-36-8

978-3-943703-37-5

978-3-943703-38-2

978-3-943703-39-9

978-3-943703-40-5

978-3-943703-41-2

978-3-943703-26-9

978-3-943703-27-6

978-3-943703-28-3

978-3-943703-30-6

978-3-943703-32-0

978-3-943703-34-4

Neue Deutschbücher

978-3-946141-10-5

978-3-946141-11-2

978-3-946141-12-9

978-3-946141-13-6

DURCHBLICKER
$a^2 + b^2 = c^2$
Verlag GmbH

www.durchblicker.org
info@durchblicker.org
Tel: 089 - 43 73 73 14
Fax: 089 – 43 90 60 51

Ich wollte Ihnen mitteilen, dass ich in der Mathe-Schulaufgabe eine 1 habe. Ich habe die Aufgaben vor der Schulaufgabe alle durchgerechnet und fühlte mich so fit und sicher.

Meine Tochter kapiert Mathe am besten, wenn Sie es ihr vor den Schulaufgaben erklären.

„Ich empfehle die Reihe immer weiter. Sie haben in mir einen Fan gefunden."
Eine Buchhändlerin

„Die Bücher sind wirklich gut!"
Ein Großbuchhändler

So einen guten Mathelehrer wie Sie hatte ich noch nie!

VOLLTREFFER !!!
3 Aufgaben in meiner Schulaufgabe waren genau wie die aus Ihrem Buch. Ganz toll!
Danke!

Die Hinweise in den ausführlichen Lösungen sind die absoluten Insidertipps! Damit weiß ich endlich, was dran kommt.

Nur durch Ihren ausgezeichneten Crash-Kurs habe ich die Mittlere Reife in Mathematik mit der Note 3 geschafft. Jetzt kann ich meine neue Lehrstelle antreten.

Wir haben alle Ihre Bücher.
Die sind spitze!

Wir haben bereits letztes Jahr mit Mathematik 7 und mit Englisch 7 gearbeitet, mit gutem Erfolg.

„Die Schulaufgaben von bayerischen Realschulen laufen ausgezeichnet!"
Eine Buchhändlerin

„Die Durchblicker Schulaufgaben sind inzwischen unsere Topseller!"
Eine Buchhändlerin

Ihre Bücher sind sehr professionell. Wir bestellen hiermit die nächsten.

DURCHBLICKER Lernstudio Arndt

Deutsch 8
Realschule

ISBN: 978-3-946141-13-6

9 783946 141136

€ 14,95 (D)   € 15,40 (A)